本研究得到陕西省教育厅重点攻关项目——陕西省高等教育教学改革项目（17ZG005）资助

省际高等教育竞争力评价研究

本书编写组　著

中国建筑工业出版社

图书在版编目（CIP）数据

省际高等教育竞争力评价研究／《省际高等教育竞争力评价研究》编写组著. —北京：中国建筑工业出版社，2020.6
ISBN 978-7-112-25191-9

Ⅰ.① 省… Ⅱ.① 省… Ⅲ.① 高等教育-竞争力-教育评估-研究-中国 Ⅳ.① G649.2

中国版本图书馆CIP数据核字（2020）第089623号

本书系统研究了高等教育竞争力的内涵及其核心指标，建立新时期省际高等教育竞争力的评价指标体系，并进行了分析评价；以陕西省为例深入分析制约高等教育发展的短板和不足，建立陕西普通本科高校发展竞争力评价指标体系，进行模拟评价，并提出了相关建议。全书内容共7章，包括：导论、省际高等教育竞争力评价理论、省际高等教育竞争力评价方法、省际高等教育竞争力量化仿真、省际高等教育竞争力评价分析、陕西高等教育竞争力评价分析、陕西高校发展竞争力评价。

本书可供高等教育研究人员及高校师生参考使用。

责任编辑：张　晶　牟琳琳
版式设计：锋尚设计
责任校对：芦欣甜

省际高等教育竞争力评价研究
本书编写组　著
*
中国建筑工业出版社出版、发行（北京海淀三里河路9号）
各地新华书店、建筑书店经销
北京锋尚制版有限公司制版
北京建筑工业印刷厂印刷
*
开本：787×1092毫米　1/16　印张：9¾　字数：216千字
2020年9月第一版　2020年9月第一次印刷
定价：35.00元
ISBN 978-7-112-25191-9
（35955）

前　言

　　世界各国的经济、科技、文化的繁荣和强盛都与高等教育强国进程紧密相伴，建设高等教育强国是中华民族伟大复兴的基础工程，在国家各项事业中，高等教育必须优先发展，先行先导。进入21世纪后，我国高等教育从大众化阶段向普及化阶段迅速过渡。党的十九大从国家发展、国际竞争、现代化建设和人民中心这四个战略维度把高等教育的地位、作用和使命提升到了前所未有的新高度，为高等教育发展明确了新的历史坐标。

　　当前我国高等教育已经走上世界舞台，面临激烈的国际竞争，这就需要我们坚定教育自信，扎根中国大地，办好中国特色、世界水平的高等教育。我们必须立足于新时期我国社会主要矛盾的新变化，立足于人民群众对更加平衡更加充分高等教育的新需求，立足于全国教育大会、全国本科教育工作会聚焦我国高等教育面临的新任务，以落实立德树人、发展素质教育、推进教育公平、加快一流大学和一流学科建设、实现高等教育内涵式发展五大任务为核心，推进新时代我国高等教育强国建设。完成好这些任务，解决好这些问题，我国高等教育必将又一次实现"质"的飞跃。

　　在新的时代背景下，认识和思考我国高等教育强国建设时，必定要将关注点放到国内各省（市、自治区）的高等教育强省建设上。因此，从省际高等教育竞争力角度出发，在分析和借鉴国内外高等教育竞争力评价体系的基础上，努力探索能够反映新时期省际高等教育竞争力的评价指标体系，评价省际高等教育竞争力对建设高等教育强省具有非常重要的理论意义和现实意义。

　　我们立足新时代我国高等教育当前面临的新挑战、新任务，力图建立全新的反映新时代省际高等教育竞争力情况的评价指标体系，在收集和整理大量一手数据的基础上，从高等教育规模、高等教育结构、高等教育质量和高等教育效率四个维度出发，在绝对规模、相对规模、学校结构、学生结构、师资队伍与资源、人才培养、科学研究、社会服务与声誉、投入产出、师均产出等十个方面对不同省际高等教育发展情况进行综合评价和分析。同时，以陕西省为例深入分析制约高等教育发展的短板和不足，并据此建立了陕西普通本科高校发展竞争力评价指标体系，对陕西普通本科高校进行模拟评价。以期为行政管理部门在制定发展战略和配置教育资源的决策中能起到一定的参考作用，为建设高等教育强省，作出一些微薄之贡献。

目　录

1 导论

1.1 问题的提出

党的十九大提出，到21世纪中叶要把我国建成富强民主文明和谐美丽的社会主义现代化强国，同时对教育工作作出了全面的部署，重申"优先发展教育事业"的总战略，提出"建设教育强国是中华民族伟大复兴的基础工程"的总定位，要求必须把教育事业放在优先位置，加快教育现代化，办好人民满意的教育。

高等教育发展水平是一个国家发展水平和发展潜力的重要标志[1]。实现中华民族伟大复兴，高等教育要在教育强国建设中先行实现，为中华民族伟大复兴提供智力支持和人才保障。国家作出加快建设世界一流大学和一流学科的战略决策，就是要提高我国高等教育发展水平，增强国家核心竞争力。

伴随着中国特色社会主义进入新时代，中国高等教育也进入了新时代。截至2018年年底，国内有各类高等学校2663所，在校生2831万，在读规模3833万，高等教育规模居世界第一，占世界高等教育总规模的五分之一[2]。目前，我国高等教育毛入学率即将突破50%，从大众化阶段已经向普及化阶段迈进，中国高等教育发展已进入世界中上水平。

随着我国社会主要矛盾已经转化为人民日益增长的美好生活需要和不平衡不充分的发展之间的矛盾。中国高等教育也面临着新的矛盾，即人民日益增长的对公平优质高等教育的需求与其发展不均衡不充分之间的矛盾。

高等教育首先存在着区域布局的不均衡，优质高等教育资源主要集中在东部发达地区。东部11省市发达地区集中了全国高校总数的43%。其次，各省域高校不仅数量差异显著，且发展水平亦不均衡。"双一流"高校主要还是集中在北京、江苏、上海等发达省市，河北、山西、内蒙古等10个省份没有建设一所一流大学。还有，各区域高校的资金投入差异很大，各个高校之间的资金投入差距也很大。

在市场经济供给侧结构性改革和高等教育内涵式发展的背景下，区域高等教育发展不仅在规模、质量上有新的布局和突破，更要在结构、效率上有大的完善和提升。

如何从整体上对区域高等教育发展进行战略布局、规划与统筹协调，更好地促进区域高等教育事业的健康发展，进而推动区域经济、社会发展，已经成为建设高等教育强国的必然要求。以高教大省陕西为例，虽然有着坚实的基础和发展潜力，但与北、上、广、苏、

---

[1] 习近平2016年12月7日《在全国高校思想政治工作会议上的讲话》。
[2] 新华网：http://www.xinhuanet.com/2019-02/26/c_1124165826.htm。

鄂等东、中部实力雄厚省市相比还存在差距。在实现从教育大省向教育强省跨越发展的道路上，如何找准发展定位，明确发展目标，制定符合陕西省高等教育发展实际的发展战略，成为陕西高等教育发展需要解决的重大问题。

在我国高等教育发展不能很好满足人民群众需要的大背景下，如何在新时代、新要求下引导区域高等教育加强内涵建设，不断提高竞争力，就成为我国高等教育研究中必须回答的问题。

1.2　研究的目的和意义

1.2.1　研究目的

西安建筑科技大学课题组于2017年承担了陕西高等教育教学改革研究项目"省际高等教育核心竞争力评价与提升研究"，研究的主要目的是立足新时代我国高等教育当前面临的新挑战、新任务，探索建立反映新时代省际高等教育竞争力情况的评价指标体系，从高等教育规模、结构、质量和效率四个维度，对省际高等教育竞争力进行客观评价，以期寻找不同省际高等教育发展的特点、优势和不足。并以陕西省为例，进行深入分析，探讨制约陕西高等教育发展的短板和不足，为教育管理部门在制定发展战略以及在调控教育资源配置中起到一定的决策支持作用。

1.2.2　研究的意义

省际高等教育竞争力是我国高等教育竞争力的重要组成部分，在高等教育强国建设以及区域经济发展中发挥着举足轻重的作用。本研究的意义在于：

（1）丰富高等教育竞争力研究范式。从目前的研究看，国内鲜有全面系统地对省际高等教育竞争力的对比研究。本研究采用实证研究方法、循证法等对省际高等教育竞争力展开科学、具体的分析与探究，从理论与学术层面丰富了省际高等教育竞争力研究范式。

（2）构建新时期省际高等教育竞争力评价体系。通过搜集文献、数据分析，依据党的十九大以来高等教育发展的新形势、新任务，构建省际高等教育竞争力指标体系和评价模型。根据省际高等教育竞争力评价指标，客观评价省际高等教育在国内所处的位置，找到竞争优势，分析其短板和不足，加强高等教育区域联动，相互借鉴，取长补短，推动省际高等教育实现追赶超越、可持续发展。

（3）将省际高等教育竞争力评价结果落脚到高校办学水平层面，本研究以陕西省为例，力图全面、客观地摸清陕西高等教育的情况，对陕西省高等教育竞争力作出科学评价。同时，通过对陕西省高等教育竞争力科学的实证分析与探究，找出发展短板与不足，分析内在原因，提出若干发展策略与提升路径，激发陕西高校办学活力，提升核心竞争力，为陕西省"四个一流"建设、高等教育强省建设提供决策参考，对陕西省加快建设世界一流大学和一流学科等具有重要的理论和现实意义。

1.3　国内外研究综述

1.3.1　国外相关研究

1998年联合国教科文组织召开了"21世纪高等教育大会"，随后，高等教育竞争力研究在世界范围内得到广泛关注。此前，区域高等教育竞争力研究基本上都是从企业竞争力和产业竞争力的研究演变而来，进而将企业和产业的竞争力相关理论和研究成果延伸到对区域高等教育的竞争力分析等方面。此次会议中发表的文件《为了拟定21世纪的高等教育日程》明确指出："应当澄清这一方面的模糊与混淆。市场规律和竞争法则不适用于教育，包括高等教育。"

1998年美国提出重塑本科教育，随后卡内基教学促进会分别于1998年和2001年出版了《重塑本科教育：美国研究型大学发展蓝图》《重塑本科教育：博耶报告三年回顾》。以上两份报告引起了美国高等教育机构，尤其是研究型大学对本科教育的强烈关注，认为高等教育的核心竞争力是人才培养，人才培养的基础是本科教育，并对本科教育的改革产生了广泛和深远的影响。

2005—2006年英国的"企业与高等教育协会"开展了一项关于该国高等教育竞争力的研究，认为：高等教育是一项日益全球化的行业；最好的学生、研究者和职员聚集在最好的大学；企业是高等教育机构的重要消费者，应该征求企业的评价意见；高等教育机构应该提供世界水准的毕业生和研究成果；政府等机构的政策影响高等教育的竞争力。2016年英国教育部发布了《英国高等教育白皮书》，书中指出高等教育中知识经济体的成功通过教学卓越、社会流动及学生选择三个方面体现。

2007年，世界银行高等教育地区会议报告《东南亚的高等教育和创新能力》中的观点是：教育、创新和竞争力是相互关联的。增长加速、减少贫困、持续发展，并在全球竞争中能提高企业的竞争力，创造高收入、高技能的岗位，为所有人提高生活水准，是国家创新体系的目标，而高等教育和创新是实现这些目标的重要工具。以上这些的核心是需要高等教育能够培养出高质量的人才。

2009年，联合国教科文组织举办了"欧洲高等教育竞争力：进入、价值、质量和竞争力论坛"，并指出高等教育竞争力是——以独特去竞争。提升欧洲高等教育竞争力应主要包括以下几个方面：学生的竞争、新的高等教育提供者的竞争、经费来源的竞争、测评优质学生的竞争、学术团队间的竞争与合作及相关经验交流。以上几个方面其本质也是围绕着如何提高人才培养的质量。

埃及国家竞争力委员会顾问列维斯在《埃及的高等教育竞争力：实现更高质量和更加公平》一文中向埃及教育部提出六点建议以提高其竞争力。具体是：多样化的经费来源渠道；扩大非盈利的私立学院的数量；公共经费支持的学生奖学金；国立大学也要收费；学生助学贷款；加强大学自治。其目的就是为了增加数量，同时有充足的经费提高质量。

总之，不同国家和地区针对自身的发展，分析了高等教育的世界发展趋势，对高等教育竞争力提出了各自的理解和相应的对策。总体上来说，近20年来国际高教共识与趋势是回归本科教育，提高人才培养质量，尤其是本科生的培养质量是高等教育核心竞争力的主要内容。

区域教育竞争力研究的指标体系以联合国教科文组织、瑞士洛桑管理学院、世界银行的知识经济指标和世界银行经济论坛的全球竞争力指标以及THE、QS、Rank等的世界大学排名为代表。

联合国教科文组织确定了15个核心指标进行年度监测。其下属的统计局与国际教育局每年都会发布世界各国教育发展水平及其基本状况方面的数据及信息，并提供较为权威和丰富客观的政策分析。特别是2000年后发布的各年度《全民教育监测报告》为评估世界各国的教育体制及其发展水平和相对优势提供了核心指标与数据。

瑞士洛桑管理学院的评价指标体系中，教育、科学研究和技术建设等被作为独立的指标。在2002年的《世界竞争力年鉴》中，首次将教育竞争力的评价分为主观性指标和客观性指标。主观性指标包括教育体系、大学教育、经济知识普及、教育资金、合格工程师、知识转让六个方面。客观性指标包括全部公共教育支出占GDP比例、初等教育生师比、中等教育生师比、中等教育入学率、25～34岁人口中至少获得三级教育的人口所占比例（高等教育成就）、成人文盲占总人口比例、15岁人口的PISA（国际学生评价项目）调查成绩七个方面。

世界银行的知识经济指标——考察的是对知识经济的准备度，着重创新与教育。包括四个方面：教育方面是总体基本文化，中、高等教育比例；创新方面是参与研究与开发的研究者，专利和科学出版物；制度与激励方面是关税障碍，规则的质量和法律法规；信息与交流技术是每千人中电话、计算机和互联网使用人数。2007年，该指标体系作了较大修正，新指标体系包括基础要素、效率要素、创新要素三大类12个支柱指标。其中，初等教育和高等教育分别作为主要的支柱指标在基础要素、效率要素和创新要素中出现。

世界银行经济论坛的全球竞争力指标——看制度、创新和教育对竞争力的贡献。其支柱指标是：高等教育与培训；吸收技术的能力；创新能力；基础设施；制度；财政市场的复杂性；贸易的复杂性；宏观经济的稳定性。

THE、QS、Rank等现有的关于大学综合竞争力的知名排行榜主要测量了以下六个方面：学生的收入；生师比；资源状况；教育产出；研究结果的使用；学校的声誉。

纵观以上研究成果发现，国外对区域教育竞争力实证方面较少有人涉足，区域高等教育竞争力的单独研究更是寥寥无几。现有研究中基本上都是对区域发展竞争力以及国家竞争力的内涵、基本要素、主要特点以及核心指标等进行了多角度的探讨。

1.3.2　国内相关研究

1.　关于高等教育国际竞争力研究

中国教育科学研究院国际比较教育研究中心[1]在中国教育竞争力比较研究的报告中认

---

[1] 中国教育科学研究所国际比较教育研究中心. 中国教育竞争力报告［M］. 北京：教育科学出版社，2011.

为，高等教育国际竞争力是一个国家综合实力的重要组成部分，是一个国家的高等教育产出在和别国比较时所具有的相对优势和能力，其内涵包括四个方面：教育发展水平；教育对人力资源的贡献；教育对经济的贡献；教育对知识创新的贡献。采用的评价方法是层次分析法，评价指标体系见表1-1。

高等教育竞争力评价指标体系（中国教育科学研究院）　　　表1-1

指标维度	指标类型	指标名称（绝对值/相对值）	数据来源
高等教育发展水平	高等教育规模	高等教育毛入学率	WEF
		在校大学生人数（千人）/每千人中在校大学生人数	UNESCO
	高等教育质量	高等教育同行评价	THE
		高等教育毕业生雇主评价	THE
	高等教育国际化	外国留学生人数（每一千居民中）	IMD
高等教育贡献	高等教育对人力资源的贡献	诺贝尔奖获得者人数	IMD
		25～34岁受过高等教育人口比例	IMD
		全职研发人员数（千人）/每千人中全职研发人员数	IMD
	高等教育对经济发展的贡献	大学教育是否满足竞争经济的需要	IMD
		大学与企业的合作	IMD
	高等教育对知识创新的贡献	科技论文数/每千人科技论文数	IMD
		专利数/每千人专利数	IMD

注：袁振国，等. 中国教育竞争力报告·2011［M］. 北京：教育科学出版社，2012：9.

　　杨志坚[1]认为高等教育的国际竞争力是国家国际竞争力的重要组成部分和基础，高等教育国际竞争力主要是高等教育在人才培养、科学研究水平等方面对经济社会、科技文化发展需要的满足度，以及在高等教育国际化环境下直接参与国际竞争的基本能力。从整体来讲，高等教育国际竞争力的要素包括政策环境、运行机制、人才培养、科学研究、社会服务、国际化程度等，核心要素是科学研究和人才培养。

　　曲恒昌[2]认为各国高等教育要成为市场竞争的优胜者，首先获取国际竞争优势，表现为一流的教育质量及其对国外学生的强大吸引力。其次是打造大学的核心竞争力，表现为大学的各种物力、财力、人力等资源和取得优质教学、科研和成果及可持续竞争优势的能力。

　　王金龙[3]认为高等教育国际竞争力主要体现在：人才培养、科研成果转化、教育产品开发、教育国际贸易和教育国际知名度这几个方面。刘思安在王金龙观点上有所补充，增加了学科与实验室建设和世界一流大学和世界一流学科的数量。

[1] 杨志坚. 进一步提升我国高等教育的国际竞争力［J］. 中国高等教育，2001（23）：17-19.
[2] 曲恒昌. 打造大学的核心竞争力，提升我国高教的国际竞争优势［J］. 比较教育研究，2005，26（2）：82-87.
[3] 王金龙. 提高成人高等教育质量之我见［J］. 成人教育，2004（3）：54-55.

　　杨丽君、王萍[1]认为高等教育国际竞争力是一个具有层次的综合概念，由教育基础（资源对象）、教育主体（人力对象）、科学研究（核心对象）、教育投入（经济支撑）四元组成的有机体。采用的评价方法是模糊评价，评价指标体系见表1-2。

高等教育国际竞争力评价指标体系（杨丽君）　　　　表1-2

一级指标（%）	二级指标（%）	三级指标（%）
教育基础（23.6）	基础设施（39.5）	计算机（22.6）
		网络建设（21.6）
		教研服务设施（18.4）
		文献资料（20.9）
		数据库（16.5）
	社会声誉（31.3）	年招生计划完成率（67）
		与国内外公司建立合作关系的数目（33）
	国际水平（29.2）	年派遣出国留学生人数（21.5）
		年接收国外留学生人数（21.5）
		与国外合作培养人数（20.4）
		每年举办国际会议数（18）
		每年参加国际会议人数（18.6）
教育主体（25.8）	教师资源（49.2）	教授、副教授、讲师比例（21.4）
		两院院士人数（18.1）
		博士生导师数（19.8）
		博士、硕士学位获得者比例（21.9）
		外籍教师人数（18.8）
	学生情况（50.8）	博士生数（24.9）
		硕士生数（25.9）
		本科生与研究生比例（25.1）
		学生毕业去向（24.1）
科学研究（26.4）	科研基础（47.4）	博士点数（25.2）
		硕士点数（25.7）
		重点学科与重点实验室个数（24.6）
		与国内外学术机构建立合作关系的数目（24.5）
	科研产出（52.6）	学校在国内外学术期刊上发表论文总数（17.1）
		学校论文发表被引用情况（15.3）
		人均发表论文数（16.4）
		科研成果获奖数（16.5）
		科研经费总数（17.6）
		人均科研经费（17.1）

[1] 杨丽君，王萍. 高等教育国际竞争力的内涵及其评价意义［J］. 湖南师范大学教育科学学报，2007（2）：80-83.

续表

一级指标（%）	二级指标（%）	三级指标（%）
教育投入（24.2）	政府投入（66.3）	年政府拨款教育总经费（43.7）
		政府拨款教育经费占学校拨款总经费比重（56.3）
	社会投入（33.7）	学费收入（56.4）
		年社会捐赠教育总经费（43.6）

注：杨丽君，等. 高等教育国际竞争力的内涵及其评价意义［J］. 湖南师范大学教育科学学报，2007（2）：81.

　　朱红、朱敬等[1]认为高等教育国际竞争力包括核心竞争力、基础竞争力和环境竞争力，其中最重要的是核心竞争力。核心竞争力指累积性知识和文化，高校整合各种技术、各类人才、各种文化和办学方向的能力；基础竞争力包括信息化程度、基础设施建设、科学研究能力、信息素质水平、管理制度等；环境竞争力包括体制、法治、政策等。采用的评价指标体系见表1-3。

高等教育国际竞争力评价指标体系（朱红）　　表1-3

一级指标	二级指标	三级指标	四级指标
核心竞争力			
基础竞争力	科研成果	项目指标	火炬、863、973、985、国基金已结题项目
		论著指标	图书出版、论文发表数
		获奖指标	科研项目和论著获奖数
		论文摘录	三大检索刊物摘录高等院校论文数
	人力资源	科技活动人员数	教授、副教授人数占科技人员活动总数比例
		研究发展人员数	教授、副教授人数占研究发展人员总数比例
		研究发展全时人数	教授、副教授人数占研究发展全时人员比例
	信息资源	数据库资源	数据库数量、质量和结构
		印刷品资源	藏书总量、期刊种数、外文书刊拥有量占印刷品资源藏书总量的比例、灰色文献量
	设备资源	国家重点实验室数	
		实验室大型仪器数	
		实验室投入经费数	
	微观管理资源	教学管理、科研管理、学生管理、人才招聘	
	技术资源	研究与发展机构情况，申请或授权的发明专利总数，技术转让情况	
环境竞争力	宏观管理资源	一个国家或地区的教育管理制度	
	资金投入	科研事业费、主管部门专项费、其他政府部门专项费、企事业单位委托经费、各种收入中转为科技经费、其他	

注：朱红，等. 中国高等教育国际竞争力比较研究［M］. 天津：天津大学出版社，2010：27.

[1] 朱敬、朱红、王雅利. 中国高等教育教学及科研资金竞争力实证分析［J］. 科技创新与生产力，2007（11）：13-15.

李鸣[1]认为高等教育的核心竞争力分内涵和外延两个方面来考虑。内涵方面是指先进的理念、组织创新、价值创新、技术创新和管理创新等整合而成的能力，并具有明显竞争优势。外延方面可从宏观、区域和微观3个层面来分析。宏观层面是反映一个国家等整体水平及实力；区域层面是某一地区的水平与竞争力；微观层面是单一院校的优势及竞争力。

牛宏泰[2]认为高等教育核心竞争力是高等教育生产力、文化力、经营力三者的总和。其中，生产力包括师资、学科、场所、设施、技术、资料及生源等方面的教育资源。文化力是指高校在长期办学过程中形成的独有的文化积淀。经营力是一所高校的管理者决策群在管理学校过程中形成的综合力。

以上研究主要围绕着高等教育在国际化环境下直接参与国际竞争的基本能力和间接参与国际竞争的贡献度，主要通过资源投入、科研成果和人才培养等具体指标来体现。

2. 关于高等教育省际竞争力研究

王金瑶[3]做了"高教强省"若干理论的探索，认为"高教强省"的特征一是"大"，二是"精"。大的标准是规模和容量大，高校数量、学科门类、科研项目多；精的核心是拥有一流大学、一流学科。并同时提出，"高教强省"要做到可持续发展，必须考虑到高等教育规模、质量、结构、效益和资源等内部要素间协调发展并与外部环境良性互动。

卢铁城[4]对建设高等教育强省的内涵进行了进一步深入的探讨。认为"高教强省"是指：标志高等教育发展数量（主要是按人口计的均量）和质量（水平）的主要指标处于全国前列，达到公认的先进标准。尤其，建设高水平研究型大学，必须以世界一流大学作为参照标准。

陈向军等[5]认为应从高等教育的规模、结构、服务社会能力、人才培养质量及保障条件五个方面来开展建设高等教育强省指标体系研究，构建了相关指标体系（表1-4），并进行了评价。

高等教育强省指标体系（陈向军） 　　　　　　　　表1-4

一级指标	二级指标	三级指标
高等教育规模	高等教育基本规模	高等教育毛入学率
		在校生总规模
		每万人口在校大学生数
	优质高等教育比重	中央部门高校数
		研究生在校生数

[1] 李鸣. 高等教育核心竞争力的界定与提升策略［J］. 桂林电子科技大学学报，2007，27（2）：63-65.
[2] 牛宏泰. 论高等教育核心竞争力［J］. 高等农业教育，2008（11）：14-18.
[3] 王金瑶. 关于"高教强省"若干理论探索［J］. 中国高教研究，2002（7）：47-48.
[4] 卢铁城. 关于建设高等教育强省内涵的探讨［J］. 中国高教研究，2008（5）：7-10.
[5] 陈向军. 谈经管类应用型本科人才的培养［J］. 中国大学教学，2008（12）：59-61.

续表

一级指标	二级指标	三级指标
高等教育结构	层次结构	专科、本科、研究生层次结构
		层次流动性指标
	形式结构	高等职业教育和非职业高等教育结构
		公办高等教育和民办高等教育结构
		学历教育中全日制与非全日制的结构
	专业结构	各专业在校生结构
服务地方能力	教学服务社会	高等教育毕（结）业生人数
		高等教育非学历教育学生情况
	科研服务社会	R&D❶人员全时当量（人年）
		R&D经费支出
		专利授权量
		技术合同成交金额
		教育部科技奖励
		ESI国际论文被引用数
		自然及科学论文总被引频次
		独立学院国内论文
人才培养质量	杰出校友	杰出人才
	师资队伍	杰出师资
	培养基地	学科水平
高等教育保障	经费投入	生均事业经费水平
		生均公用经费水平
		生均公共财政事业经费水平
	办学条件	生均校舍面积
		生均固定资产总值
		生均专业设备
	教师队伍	师生比
		获得博士学位的专任教师比例
		具有副高职称的教师所占的比例

注：陈向军，等. 2017年中国高等教育学会学术年会暨高等教育国际论坛论文集［M］. 北京：中国高等教育学会，2017：7.

吴玉鸣❷认为省际教育竞争力主要包括教育资源、教育质量、教育投入、教育规模、教育效率、教育产出等六个方面的因素，并采用因素分析法，建立指标体系（表1-5）进行了评价。评价认为陕西教育综合竞争力排名第15，其中陕西高等教育竞争力排名第9

❶ 研究与试验发展经费（就是学校全年在科研收入方面的所有经费，包括项目、人员工资、建设等）。
❷ 吴玉鸣，李建霞. 中国区域教育竞争力与区域经济竞争力的关联分析［J］. 教育与经济，2004（1）：7–13.

（数据均来源于2000年的《中国统计年鉴》和《中国教育年鉴》）。赖燕玲、吴志鹏以吴玉鸣建立的指标体系为基础，就其中反映高等教育竞争力指标单独进行定量实证分析，将我国的区域高等教育竞争力划分为五个层次。胡咏梅和薛海平认为我国区域教育竞争力的核心指标有三个，即人口文化程度、高等教育发展水平和教育效率。并以此建立了评价体系，将我国的教育竞争力水平划分为4个等级（以上研究相关统计数据均引自吴玉鸣文章）。

区域教育竞争力指标体系（吴玉鸣）　　　　　　　　　表1-5

一级指标	二级指标
教育资源	每个小学教师负担学生数
	每个中学教师负担学生数
	每个大学教师负担学生数
	每万人小学个数
	每万人中学个数
	每万人高等院校数
教育质量	每万人在校小学生数
	每万人在校中学生数
	每万人在校大学生数
	文盲半文盲人口占15岁及以下人口比例
	小学入学率
	人均教育年限
教育投入	教育经费占GDP比重
	教育经费占全国比例
	人均教育经费（元）
教育规模	平均每所学校在校学生数
	平均每所中学在校学生数
	平均每所大学在校学生数
教育效率	每万人小学毕业生数
	每万人中学毕业生数
	每万人大学毕业生数
资源	6岁及6岁以上人口不识字或少识字人数比
资源	6岁及6岁以上人口小学程度人数比
	6岁及6岁以上人口中学程度人数比
	6岁及6岁以上人口大专以上程度人数比

注：吴玉鸣，李建霞，等. 我国区域教育竞争力的实证研究［J］. 教育与经济，2002（3）：15.

史本山、曹阳龙[1]在《中国区域高等教育竞争力综合评价》中认为：基础设施、师资

[1] 史本山，曹阳龙. 中国区域高等教育竞争力综合评价［J］. 价值工程，2006，25（11）：21-24.

状况、学校规模、经费投入、科研水平、地区影响度是区域高等教育竞争力的主要影响因素，运用主成分分析法和聚类分析法相结合的评价方法，建立评价指标体系（表1-6），对各地区高等教育综合竞争力进行分析，进而得出不同地区高等教育的资源优化配置能力，将区域竞争力分为4个等级。评价认为陕西高等教育竞争力排名11位，处于相对较强的第2区域（数据来源为2004年《中国统计年鉴》《中国科技统计年鉴》和2003年《中国教育年鉴》）。

区域高等教育竞争力指标体系（史本山）　　　　　　表1-6

一级指标	二级指标
基础设施	平均每所院校占地面积
	生均校舍面积
	生均教学计算机台数
	生均语音室座位数
	生均多媒体教室座位数
	生均图书占有量
	生均教学仪器占有量
师资状况	副教授以上职称占教研人员比重
	师生比
	高校行政教辅人员占在校师生比重
学校规模	平均每所学校在校生人数
	博士在校生占在校生比例
	硕士在校生占在校生比例
	本科在校生占在校生比例
经费投入	生均教育经费
	高等教育经费占地区教育经费支出比例
	高等学校R&D经费占地区R&D支出比例
	平均每所院校R&D经费额
科研水平	平均每所院校科研项目数
	国外检索工具收录我国各地区论文数
	平均每所高校发表论文数
	平均每所高校出版著作数量
	每万名科技人员产生的发明专利数
地区影响度	大专以上文化程度占当地15岁及以上人口比例
	文盲半文盲占当地15岁及以上人口比例

注：史本山，曹阳龙，等. 中国区域高等教育竞争力综合评价［J］. 价值工程，2006（11）：15.

　　赵宏斌[1]、苗招弟在中国区域高等教育竞争力研究中认为，高等教育竞争力是指高等教育在人才培养数量与质量、科学研究水平等方面对社会经济、科技、文化发展需要的满足度，以及在国际环境下直接参与高等教育国际竞争的能力。据此采用因子分析法、主成分分析法，建立了评价指标体系（表1-7），进行了评价。评价认为，陕西高等教育资源优势明显排名第4，综合竞争力较强排名第6（数据来源为2004年《中国教育经费统计年鉴》和2005年《中国教育统计年鉴》）。

高等教育竞争力指标体系（赵宏斌）　　　　　　　　　　　　　表1-7

一级指标	二级指标	三级指标
资源	教育规模	每百万人口高校数
		每千万人口重点高校数
		每万人口在校生数
		每万人口重点高校在校生数
		每万人口在校研究生数
		硕士生数占在校生总数比例
		博士生数占在校生总数比例
资源	经费投入	生均高等教育经费
		区域高等教育经费投入占区域GDP比例
		预算内高等教育经费占区域财政支出比例
		区域生均高等教育经费与全国生均高等教育经费比
		区域生预算内高等教育经费与全国生均预算内高等教育经费比
		师生预算内科研经费
		师均科研经费
	基础设施	平均每所学校占地面积
		生均校舍面积
		生均固定资产数
		生均图书量
		生均教学仪器数
	师资力量	正高级专任教师占专任教师的比例
		副高级及以上专任教师占专任教师的比例
		具有博士学位的专任教师占专任教师的比例
		师生比

❶ 赵宏斌. 中国区域高等教育竞争力研究［J］. 国家教育行政学院学报，2008（8）：27-32.

续表

一级指标	二级指标	三级指标
效率	科研水平	师生论文数
		师均国际三大检索论文数
		师均R&D项目数
		师均专利授权数
		获奖总数
		五年内国家奖总数
		五年内优秀博士论文总数
	人才培养	毕业率
		就业率

注：赵宏斌，等. 中国区域高等教育竞争力研究［J］. 国家教育行政学院学报，2008（8）：27.

　　崔玉平[1]认为省际高等教育竞争力应从教育资源、人才培养、效益及速度三个方面来考虑，并建立了指标体系（表1-8），综合评价了全国省际高等教育的强弱状况。认为，高等教育实力省际分布呈严重不均衡态势。陕西高等教育综合竞争力排名第8，其中，高等教育产出指标排名第9，投入类指标排名第7，效益与速度类指标排名27（数据来源为2008年《中国教育经费统计年鉴》《中国科技统计年鉴》和2007年《中国教育统计年鉴》《中国统计年鉴》）。

省际高等教育强弱评价指标（崔玉平）　　　　　　　　　表1-8

一级指标	二级指标
财力	省级预算内高等教育经费支出占省级财政支出的比例
	高校生均教育经费支出额
人力	高等教育专任教师数
	高等教育专任教师中博士学位拥有率
	每十万人口拥有的大学教授数
物力	普通高校生均学校产权校舍建筑面积
	普通高校生均固定资产
	普通高校生均教科研仪器设备价值
人才培养	高等教育毛入学率
	高校在读外国留学生
	成人高等教育在校本、专科学生数
	每十万人口拥有的在校本、专科生数
	每十万人口拥有的在校研究生数

---

[1] 崔玉平，张弘. 我国省域高等教育协调发展水平的量化评价［J］. 现代大学教育，2015（5）：84-91.

续表

一级指标	二级指标
科研产出	高校研究与试验发展课题
	国家重点实验室和国家重点学科合计数量
	"211工程"学校的数量
产出效率和社会贡献	平均每所高校在校学生数
	高校学生毕业率
	城镇劳动力人口接受高等教育的比例
发展速度	高等教育经费投入的年均增长率
	高校在校本、专科生的年均增长率
	高校在校研究生的年均增长率

注：崔玉平. 省际高等教育实力的分类评价 [J]. 清华大学教育学研究，2010（2）：45.

高耀、刘志民[1]认为省际高等教育竞争力应包括教育规模、教育经费、基础设施、师资实力和科研实力五个方面，并建立了评价指标体系（表1-9），对全国31个省（市、自治区）高等教育核心竞争力进行测度、排序和分类。结论显示，陕西高等教育综合竞争力排名第5，其中，教学资源与科研效率因子排名第4，基础设施与师资力量因子排名第13（数据来源为2007年《中国统计年鉴》《中国教育统计年鉴》《中国教育经费统计年鉴》，毛入学率为2006年数据）。

省际高等教育强弱评价指标（高耀）   表1-9

一级指标	二级指标
教育规模	高等教育毛入学率
	重点高校数
	每十万人口在校大学生数
	硕士研究生数
	博士研究生数
教育经费	区域高等教育经费总额
	高等教育经费占区域GDP比例
	高等教育经费占区域教育经费支出比例
	预算内高等教育经费占财政支出比例
	师均科研经费

[1] 高耀，刘志民. 中国省域高等教育核心竞争力最新测度——基于因子和聚类分析法的实证研究 [J]. 江苏高教，2010（2）：45-47.

续表

一级指标	二级指标
基础设施	校舍面积
	固定资产总值
	图书量
师资实力	高校生师比
	正高级专任教师数
	副高级专任教师数
	行政教学辅导人员数
科研实力	国际三大检索论文数
	R&D项目数
	专利授权书
	国外检索工具收录各地区论文数
	国家实验室数
	国家重点实验室
	国家工程研究中心
	国家工程技术研究中心
	国家人文社科基地情况和国家重点学科数

注：高耀，刘志民. 中国省际高等教育核心竞争力最新测度［J］. 高等教育评估，2010（2）：39.

　　张秀萍[1]从高等教育的构成要素出发，认为教育规模、教育资源、教育质量、教育效益为省际高等教育竞争力的主要方面，采用专家主观打分的定性方法与变异系数确定权重的熵值法的客观方法相结合，对我国省际高等教育竞争力进行评价和分析，将我国的省际高等教育竞争力划分为7类（表1-10）。

省际高等教育强弱评价指标（张秀萍）　　　　　表1-10

一级指标	二级指标	三级指标
教育规模（0.156）	学生规模（0.079）	高等学校本专科在校生数（0.011）
		在校博士生数（0.044）
		在校硕士生数（0.025）
	学校规模（0.077）	普通高等学校数（0.009）
		"211"工程，高等学校数（0.028）
		"985"工程，高等学校数（0.040）

[1] 张秀萍，柳中权，张莹，等. 区域人力资本提升与区域高等教育发展战略——以辽宁省为例［J］. 大连理工大学学报（社会科学版），2011，32（1）：51-58.

续表

一级指标	二级指标	三级指标
教育资源 （0.323）	教师资源（0.113）	专任教师数（0.006）
		具有博士学位专任教师的比例（0.010）
		国家级教学名师数（0.016）
		长江学者特聘教授数（0.028）
		两院院士数（0.053）
	办学资源（0.128）	科研仪器设备资产（0.010）
		国家精品课程（0.016）
		国家人才培养基地数（0.017）
		国家重点实验室数（0.032）
		国家重点学科数（0.036）
		国家自然、社科基金资助项目（0.016）
	经费投入（0.083）	高等学校教育经费总收入（0.019）
		高等学校国家财政性教育经费收入（0.018）
		生均高等学校教育经费支出（0.012）
		生均高等教育事业性经费支出（0.013）
		高等学校R&D经费数（0.020）
教育质量 （0.330）	人才培养质量 （0.184）	国家级教学成果奖数（0.040）
		全国优秀博士学位论文（0.045）
		全国大学生"挑战杯"科技作品竞赛获奖（0.028）
		杰出校友数（0.058）
		专科及以上毕业生数（0.012）
	科学研究质量 （0.147）	发表科技论文数（0.008）
		发明专利授权数（0.016）
		国家级项目验收数（0.020）
		国际三大检索收录的科技论文数（0.021）
		国家三大科技奖数（0.053）
		国务院各部门部级奖励数（0.029）
教育效益 （0.191）	人才培养效益 （0.091）	大专及以上学历人口数（0.0210）
		研究与开发人员数（0.043）
		大专及以上学历就业人口占区域就业人口比例（0.028）
	科学研究效益 （0.099）	高等学校专利所有权转让及许可收入（0.025）
		高等学校R&D成果应用项目数（0.024）
		高等学校科技服务项目数（0.020）
		高等学校技术转让合同金额（0.031）

注：张秀萍. 中国省域高等教育竞争力研究［D］. 大连：大连理工大学，2013.

同时，结合上述四个方面对省际高等教育系统的内部协调性、外部协调性两方面进行了分析。得出，陕西高等教育竞争力比较强，综合排名第5，其中，教育规模排名第4、教育资源排名第7、教育质量排名第5、教育效益排名第5；陕西高等教育协调度是发达不协调，表现为：陕西的教育规模排名第4，陕西的教育资源排名第7，总排名第5。主要是基础资源竞争力偏低，如专任教师数、生均高等教育事业性经费支出、高等学校国家财政性教育经费收入、高等学校教育经费总收入、高等学校R&D经费、科研仪器设备资产等排名都在第8或第9（数据来源为2010年《教育统计年鉴》《高等教育科技统计资料汇编》和2011年《中国统计年鉴》《中国人口与就业年鉴》）。

以上研究以卢铁城、王金瑶、赵宏斌、张秀萍等专家为代表，主要从教育规模、保障条件、科研实力、人才培养质量、教育效益及地区影响度等方面来衡量和评价省际高等教育竞争力。

1.3.3　文献综述

1. 研究的贡献

综观相关文献，关于区域高等教育竞争力的研究，国外研究起步较早，国内从2002年逐步开始，已经形成了相关理论和研究成果。

在高等教育大省与强省理论研究方面，以卢铁城、王金瑶、赵宏斌、张秀萍等专家为代表，主要从教育规模、保障条件、科研实力、人才培养质量、教育效益及地区影响度等方面来衡量和评价省际高等教育竞争力，并提出了规模和质量达到国内公认的前列，并引入了世界一流大学的概念。

在评价分析研究方面：吴玉鸣率先建立了省际教育竞争力的评价指标体系，并用因子分析法对我国各省区的教育竞争力进行了评价，定量衡量了各类指标的得分；胡咏梅、薛海平在吴玉鸣等人基础上，采用聚类分析法对我国的教育竞争力水平进行分类；史本山通过实证分析将我国31省（市、自治区）按照高等教育实力强弱分为4个等级，分析了竞争力参差不齐的成因，并且给出了提升区域高等教育竞争力的对策；赵宏斌、苗招弟和蒋莉莉在史本山所构建的评价指标体系的基础上，着重对指标体系设计与研究目标的一致性进行反复斟酌，去掉了一些对评估对象影响不大的指标，并且紧密联系高等教育的功能和要素增加了新的指标，具体表现在教育规模、经费投入、科研水平和人才培养四方面；崔玉平用投入、产出理论从教育资源、人才培养、效益及速度三个方面运用24个量化指标，综合评价全国省际高等教育的强弱状况，并对我国31个省际高等教育的实力做出排序和分类。张秀萍以波特的竞争优势理论和非均衡发展理论出发从4方面，选取40项指标，采用问卷调查和层次分析法组合赋予权重进行评价，并对省际高等教育系统的内部协调性、外部协调性也进行了评价。

这些研究基本上是借鉴国际上国家竞争力研究和国内区域竞争力研究的理论和方法，用于高等教育领域。主要集中于对高等教育区域竞争力的概念界定、对区域高等教育评价指标体系的设计、对国内各省区高等教育竞争力的比较，以及对部分省区高等教育竞争力状况、问题与对策的分析，是本书借鉴的基础。

2. 研究的不足

国内区域高等教育竞争力研究起步较晚，区域高等教育竞争力研究文献较少，更缺乏公认的理论和研究方法。现有的研究多集中于吸收、借鉴国外研究成果，而且基本上是在同一个水平上的重复，真正能够在理论上有所突破、在研究方法上有所创新的成果并不多见。

现有研究的不足主要表现为：

（1）不能体现新时代国家对高等教育的新要求、新目标和新任务，没有很好体现新时代高等教育的历史使命；

（2）研究人员个人的价值判断决定指标及权重；

（3）评价指标集中在可公开获取的科研成果方面；

（4）现有评价体系中存在指标内涵重复、不够全面的问题；

（5）针对省域内具体高校竞争力对省际高校竞争力的影响研究深度不够；

（6）针对教育投入与产出关系对高校竞争力的影响研究不够。

本书借鉴以上研究取得的成果，以存在的问题为研究的切入点，以十九大、全国本科教育工作会议和全国教育大会精神为核心，以《中华人民共和国高等教育法》《全面提高高等教育质量的若干意见》《关于全面提高高等教育质量的若干意见》《关于加快建设高水平本科教育　全面提高人才培养能力的意见》《国家双一流建设实施办法》等为依据，进行深入研究。

1.4　特色与创新

本研究指标选取高度聚焦十九大报告、全国教育大会、本科教育工作大会中有关高等教育的最新论述及要求，构建的指标体系具有以下特色与创新性：

（1）聚焦战略导向的新要求

聚焦国际竞争，构建具有中国特色的世界一流大学。聚焦国家发展，培养建设社会主义接班人。聚焦区域发展，建设高等教育强省，成为经济强省的重要支撑。

（2）体现了质量导向的新内涵

指标选取高度关注立德树人、以德为先。坚持以本为本，振兴本科教育，构建"专业+课程+教师+质量保障"的全要素评价。高度聚焦国家"双一流"建设、陕西省"四个一流"建设等，构建"大学+学科+专业+学生"的全指标体系。

（3）指标体系更加突出了投入产出效率

从投入与产出比、师均经费、师均论文等角度评价高等教育效率水平，更能体现教育公平，提升高等教育资源的配置效率。

（4）评价指标具有开放性

指标选取的观测点具有开放性、客观性和可持续性，易于评价。

2 省际高等教育竞争力评价理论

2.1 基本概念

2.1.1 研究范围

国内外学界在研究区域问题时，针对研究的目的决定区域的范围，可能是自然区域、行政区域、国际区域，也可以指一个城市或一个社区。说文解字中"区域"解释为：①土地的界划；②地区区域自治。西方著名区域经济学家埃德加·M·胡佛（Hoover EM）认为，"最实用的区域划分应当符合行政区划的疆界。"

本书中省际的区域界定为行政区划，将省际区域范围确定为除我国香港、澳门、台湾以外的31个省级行政区。

2.1.2 研究内涵

竞争力是参与者双方或多方的一种角逐或比较而体现出来的综合能力。它是一种相对指标，必须通过比较才能表现出来，它是一种随着时间变化着的通过比拼而体现的能力。它包含竞争对象现在具有和未来可以展示的能力，测定竞争力需要确定一个测定目标时间。

何为教育竞争力？教育竞争力是一个国家综合实力的重要组成部分，是国家通过改善教育内部和外部的条件，优化表面结构和质量，培养创新人才，提高国民素质，并扩大教育影响力，从而在竞争中取得人力资源储备之优势的能力。

省际高等教育竞争力如何，首先必须完成国家对高等教育的基本任务和相关要求，依此为基本条件下的竞争力才具有现实意义。何为我国省际高等教育竞争力？本书对省际高等教育竞争力界定为：我国香港、澳门、台湾以外的31个省级行政区的高等教育在一个测定目标时间内，随着时间变化通过竞争而体现的高等教育能力，包含竞争对象现在具有和未来可以展示的能力。具体通过人才培养、科学研究及社会服务、文化传承、国际化等在教育规模、教育结构、教育质量、教育效率等4个方面所拥有的竞争优势和比较优势。

2.1.3 研究思路

本书的整体研究思路如图2-1所示。

2.1.4 构成要素

高等教育竞争力是一个系统。系统是由要素组成的，要素是系统的最基本组成部分，在高等教育系统中，不同要素的相互作用过程和结果决定了整体优化程度。

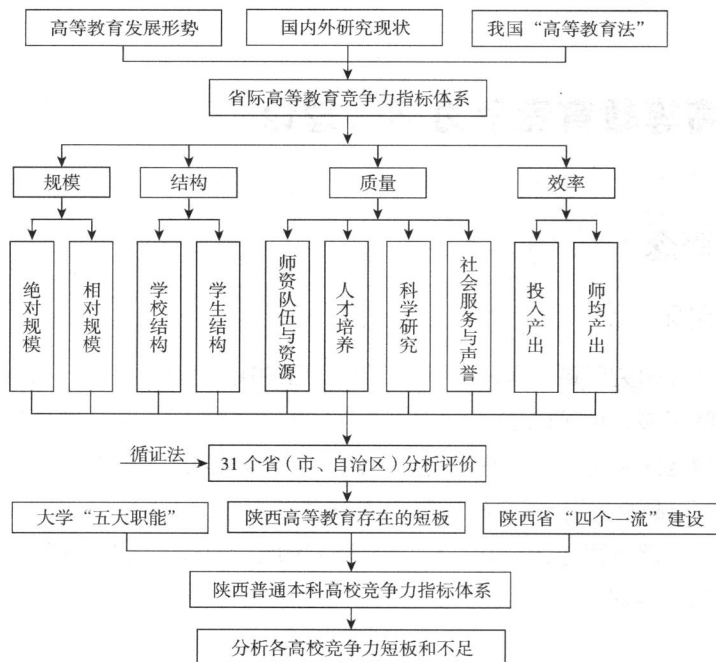

高等教育发展形势　国内外研究现状　我国"高等教育法"

省际高等教育竞争力指标体系

规模　结构　质量　效率

绝对规模　相对规模　学校结构　学生结构　师资队伍与资源　人才培养　科学研究　社会服务与声誉　投入产出　师均产出

循证法　31个省(市、自治区)分析评价

大学"五大职能"　陕西高等教育存在的短板　陕西省"四个一流"建设

陕西普通本科高校竞争力指标体系

分析各高校竞争力短板和不足

图2-1　研究思路

《中华人民共和国高等教育法》第七条指出"国家按照社会主义现代化主义建设和发展社会主义市场经济的需要，根据不同类型、不同层次高等教育学校的实际，推进高等教育体制改革和高等教育教学改革，优化高等教育结构和资源配置，提高高等教育的质量和效益。"因此，本书作者认为：我国的高等教育竞争力系统核心要素应由规模、结构、质量、效率构成。

高等教育规模和结构是高等教育竞争力的基础，也是体现高等教育竞争力的重要方面。没有一定的规模数量，以及合理的结构比例就谈不上质量和发展。各省级区域高等教育应合理发展规模、优化高等教育结构与区域经济社会发展相适应，满足区域人口对高等教育的不同需求，为提升区域高等教育竞争力提供良好的基础。

高等教育质量是高等教育竞争力的核心，也是体现高等教育竞争力的主要内容。《关于全面提高高等教育质量的若干意见》《统筹推进世界一流大学和一流学科建设总体方案》《统筹推进世界一流大学和一流学科建设实施办法（暂行）》《六卓越一拔尖计划2.0》等文件的相继出台，制定了全面提高高等教育质量的战略：坚持内涵式发展、促进高校办出特色、完善人才培养质量标准体系、优化学科专业和人才培养结构、创新人才培养模式、巩固本科教学基础地位、改革研究生培养机制、强化实践育人环节、加强创新创业教育和就业指导服务、加强和改进思想政治教育、健全教育质量评估制度、推进协同创新、提升高校科技创新能力。以上13个方面具体指明了提升高等教育竞争力方向。

保障质量的同时，提高效率会大大增加竞争潜力。因此，提高高等教育效率也是提升省际高等教育竞争力的核心要素。在有限的教育资源投入条件下，高等教育通过培养更高素质的人才、提供更多的创新成果转化，从而提高高等教育产出效率来满足区域经济发展，引领区域创新。因此，人才培养和科技创新的单位产出是衡量省际高等教育产出效率的重要标准，也是省际高等教育竞争力的重要组成要素。

2.2 评价体系

2.2.1 设计原则

1. 科学性原则

科学性原则主要体现在三个方面。首先，指标体系是在高等教育相关理论和当前实际状况紧密结合的基础上形成的。同时，要科学解释指标的内涵和外延，力求每个指标都能客观反映评估对象的客观属性。再次，指标选取方法科学，数据来源客观、权威。

本书拟以波特的国家竞争优势理论为指导，结合研究中提出的高等教育竞争力定义及高等教育竞争力系统核心构成要素，从教育规模、教育结构、教育质量、教育效率4个维度构建新时代省际高等教育竞争力评价指标体系；采取文献法、专家确定法及因子分析法等主客观结合的方法遴选指标、赋予权重等。

2. 优化性原则

高等教育是一个非常复杂的系统，其构成要素也是繁杂的。系统优化原则不但要求指标体系能够全面地、毫无遗漏地反映评估对象，避免顾此失彼，遗漏任何一项重要指标。同时，体系内的各条指标又必须是相互独立的，也就是说不同侧面不同层次的所有指标不能存在任何包含与被包含的关系，相互之间不重叠，没有因果关系。即在指标选取时要全面、系统、简洁地反映评价对象，使评价指标体系总体最优。

本书严格遵循了这一原则，经过科学筛选，重点分析，将新时代省际高等教育竞争力指标完全优化。

3. 可靠性原则

评价结果应该能够公正、客观地评出名次或者优劣程度。因此，评价指标要具备实用性、可比性和客观性。

实用性即可行和易操作性。评价指标体系要繁简适中，计算评价方法要简便易行。评价方法要简单、科学、实用。其次数据容易获取。评价指标所需的数据易于采集，为了保证评价的科学性，必须舍弃某些数据不全或难以获取的指标。避免评价工作难以进行或导致评价结果失真。

可比性主要是数据的可比。在我国关于教育的数据统计成果很多，但是统计标准、统计时间、统计范围以及统计方法不尽相同，在指标选取时尽量选取数据统计一致的指标。本书主要的时间统计口径为：每年都有的竞争性数据基本上是2012—2016年五年的连续数据，规模、结构等基础数据为2016年、2017年或2018年国家统计局或教育部等部委公布的年度最新数据，个别指标并不是每年都有的年度数据，也是选取最近年度的数据。数据的选取均来源于国家统一公布的统计年鉴和政府部门及权威网站，并对各项数据进行标准化、规范化处理。

客观性任何评价活动的目的都是客观真实地反映评价对象的客观现实。本书在指标选取上同时采用已有的专家问卷调查结论及已有指标内容，筛选指标，注重指标的独立性和系统性，增加竞争优势、比较优势指标。在数据的选取上，以时间段指标为核心，进行加权均值处理，并将部分指标分为绝对值和相对值，分别进行计算，加权赋值，得到该省高等教育竞争力综合指数值。

本书通过对我国各个省际域高等教育竞争力的研究和比较，旨在探究我国现阶段高等教育的发展状况，为各省促进自身高等教育发展提供比照目标，同时也期望成为各省制定宏观教育政策的参考依据。

2.2.2 指标选取

1. 选取依据

为建立省际高等教育竞争力的评价指标体系，依据波特理论模型，本书以十九大报告中提出的建设教育强国、优先发展教育、深化教育改革、加快教育现代化、办好人民满意教育的要求为指导，围绕国家发展、国际竞争、现代化建设和人民为中心这四个方面，以体现高等教育本质和实现高等教育内涵式发展为基本原则，在借鉴已有研究成果的基础上，进行了深入分析和研究，构建了省际高等教育竞争力指标体系。

指标体系通过省际高等教育存量竞争力和增量竞争力来综合反映省际高等教育竞争力。其中存量竞争力通过现有的高等教育结构、规模与质量之和来体现，增量竞争力通过高等教育效率（投入产出比）来体现。指标体系整体突出质量和效益，两类指标权重占比达80%。

指标体系包含国际竞争、国家发展、建成高等教育强省三个层次，从内容上关注建设世界一流大学建设，培养建设社会主义接班人和完成陕西教育事业发展"十三五"规划目标。主要包含立德树人，以本为本、四个回归，"双一流"建设和陕西"四个一流"建设四个方面内容。

指标观测点聚焦立德树人、本科教育和"双一流"建设。

立德树人通过"课程思政+专业思政"来体现，重点关注"学科德育"为核心理念的课程改革、德育课程一体化建设，发掘专业课程思想政治教育资源。指标主要有：高校重点马克思主义学院、马克思主义理论一级学科博士点、思想政治理论课示范优秀教学科研团队建设项目、高校思政课骨干教师"名师示范课堂"、国家级精品思政课、中华优秀传统文化传承基地、国家艺术基金、中国大学生自强之星称号获得者、中国大学生年度人物、中国青年五四奖章获得者、雷锋志愿服务"四个100"先进典型、全国大学生志愿者暑期"三下乡"社会实践优秀单位、团队个人等。

本科教育通过"专业+课程+教师+质保"来体现，重点关注一流专业建设、一流课程建设、拔尖学生培养、高校教师交流等。指标主要有，六卓越一拔尖计划、一万个国家级一流专业点、一万个省级一流专业点、三千门国家精品在线开放课程、七千门国家级精品线下课程、中国大学MOOC（慕课）课程、国家级虚拟仿真实验教学项目、专任教师数、博士教师占比、师生比、学术水平与师德师风代表、中国工程教育专业认证、住房和城乡建设部专业评估等。

"双一流"建设通过"大学+学科+专业+质量"来体现，重点关注世界一流大学、一流学科建设、专业评估和认证、学位论文抽检等。指标主要有，入选国家"双一流"建设大学、学科评估结果、ESI进入前1‰、1%的学科领域数量及排名、学科总产出与总投入之比、一流学科数占一级学科博士点数的比例、一级学科博士学位授予点、博硕士招生数、学位论文抽检、杰出校友、本科毕业生数、就业率等。

从指标的科学性、客观性、全面性、相互独立性出发，通过查阅和学习，深入分析研讨了国内外关于教育竞争力的博、硕士学位论文12篇、学术论文60多篇。最后对新时期高等教育核心竞争力中代表性指标体系进行系统梳理，最终形成了包含4个维度、30项内容、90多项观测点的评价指标体系。

2. 核心指标

教育规模主要体现在：高校类型数量和层次分布，普通本科院校数、普通本科在校生数、留学生数、每十万人口在校本科生数等。

教育结构主要体现在："一流学科"大学占比、"一流学科"博士点占比、"一流学科"数量及占比、研究生占比和留学生占比等。

教育质量主要体现在：专任教师、生师比、博士学历教师比、学术水平师、师德师风、国家级科研平台、国家级教学平台、毕业生质量、专业建设、创新人才培养、德育教育、教学改革、科技奖励、科研论文、科研经费、重大项目、服务国家战略、成果转化、社会捐赠、学术道德声誉等。

教育效率主要体现在：总产出与总投入之比、师均科研经费、师均科研论文。

2.2.3 指标体系

1. 评价指标

省际高等教育竞争力评价指标，包含4项一级指标、10项二级指标、29项三级指标、90多项观测点，具体见表2-1。

省际高等教育竞争力评价指标   表2-1

一级指标	二级指标	三级指标
规模	绝对规模	普通高等学校数，高等高等学校在校生数，普通高等学校外国留学生毕业生数
	相对规模	每十万人口普通高等学校毕业本科生数

续表

一级指标	二级指标	三级指标
结构	学校结构	入选国家"一流学科"大学数占普通本科学校数的比例,一流学科学科数占一级学科博士点数的比例
	学生结构	普通高等学校毕业研究生数占毕业生数的比例
质量	师资队伍与资源	普通高校专任教师数,生师比,普通高等学校博士学历教师占普通高等学校专任教师的比例,学术水平与师德师风代表,国家级科研平台,国家级教学平台与机构
	人才培养	毕业生质量,专业建设,学科评价,创新人才培养,德育教育,教学改革
	科学研究	科技奖励,科研论文,高等学校科技经费
	社会服务与声誉	服务国家战略,成果转化,普通高等学校社会捐赠收入,学术道德声誉
效率	投入产出	总产出与总投入之比
	师均产出	师均科研经费,师均科研论文

2. 指标内涵

本书中涉及的三级指标最终都是通过观测点来反映的,因此观测的内涵是反映整个指标体系内涵的关键。本书涉及的部分观测点的具体内涵情况见表2-2。

三级指标及指标内涵

表2-2

一级指标	二级指标	三级指标	指标内涵
规模	绝对规模	普通高等学校数	指按国家规定的设置标准和审批程序批准举办的,通过全国普通高等教育统一招生考试,招收高中毕业生为主要培养对象,实施高等学历教育的全日制大学、独立设置的学院
	相对规模		
结构	学校结构	在校研究生	在校硕士生(1×1)、在校博士生(1×1.33)
	学生结构		
质量	师资队伍与资源	生师比	达到或低于国家18:1标准的为1,超过标准的按照一定比例赋值
		学术水平与师德师风代表	两院院士、长江学者特聘教授、国家级教学名师、国家杰出青年科学基金获得者、黄大年式教学团队、全国道德模范、全国教书育人楷模、全国高校优秀思想政治教育工作者、全国高校优秀辅导员、全国高校优秀思想政治理论课教师
		国家级科研平台	国家(重点)实验室、国家工程(技术)研究中心、国家级人文社科重点研究基地
		国家级教学平台与机构	实验教学示范中心、国家虚拟网络教学实验中心、中外合作办学机构、高等学校教师教学发展示范中心、全国深化创新创业教育改革特色典型经验高校数、全国深化创新创业教育改革示范高校数
	人才培养	毕业生质量	杰出校友、本科毕业生数、就业率、考研率、毕业生薪酬
		专业建设	一流专业、中国工程教育专业认证、住房和城乡建设部专业评估
		学科评价	入选国家"双一流"大学及学科数量、学科评估结果

续表

一级指标	二级指标	三级指标	指标内涵
质量	人才培养	创新人才培养	中国高校创新人才培养暨学科竞赛评估排名（2012—2017年）
		德育教育	示范马克思主义学院、马克思主义理论一级学科博士点、中国大学生自强之星称号获得者、中国大学生年度人物、中国青年五四奖章获得者、雷锋志愿服务"四个100"先进典型、中国青年志愿者、全国大中专学生志愿者暑期"三下乡"社会实践优秀单位、团队及个人
		教学改革	国家级教学成果奖（近三届）、六卓越一拔尖计划
	科学研究	科技奖励	国家最高科学技术奖、国家科技三大奖（二等及以上）、高等学校十大科技进展、教育部高等学校人文社科奖
		科研论文	《Science》/《Nature》/《Cell》发表的论文数、ESI高被引论文数、高水平中文期刊论文（各一级学会主办的期刊）
	社会服务与声誉	服务国家战略	国家级高端智库、国家研究中心、国家"2011"协同创新中心、国家级重大工程、本科生本地就业率
		成果转化	发明专利转让数、高等学校专利所有权转让及许可收入、授权发明专利
		学术道德声誉	违纪、违规等
效率	投入产出	总产出	学科评估结果C类以上学科得分的总体情况
		总投入	普通高等学校公共财政预算内教育事业费支出
	师均产出	经费	师均科研经费
		论文	师均科研论文

3. 指标特点

本书的指标体系具有以下四方面的特点。

一是三个聚焦，具体体现是各级指标都集中聚焦到立德树人、本科教育、国家"双一流"和陕西"四个一流"。

二是两个突出，具体体现是指标体系权重占比最大的是质量，达到65%，其次是效率，达到15%，两项指标占到80%。

三是一个开放，具体是指在整个指标体系设计中一、二、三级指标和权重是固定不变的，但是体现三级指标内涵观测点是开放的，即随着体现该三级指标的观测点可获取客观数据的不断增加，三级指标能不断得到优化和完善。

四是循证实践，具体是指基于证据的实践，对开放的观测点通过循证学的方法进行定量评价，尽量将这些观测点所反映的三级指标刻画得准确。

3 省际高等教育竞争力评价方法

3.1 数据采集

本书指标体系中观测点相关数据来源及解释见表3-1。

指标体系观测点数据来源   表3-1

指标	数据来源
普通本科院校	2016中国教育统计年鉴
在校本科生数	2016中国教育统计年鉴
每十万人口在校本科生	2016中国教育统计年鉴
一流大学	教育部官方网站
一流学科	教育部官方网站
一级学科博士点	中国学位与研究生教育信息网站
在校硕士生	2016中国教育统计年鉴
在校博士生	2016中国教育统计年鉴
两院院士	两院院士数据来源于中国科学院和中国工程院网站（2012—2016年）
长江学者特聘教授	教育部科技发展中心
国家级教学名师	教育部网站
国家杰出青年科学基金获得者	国家自然科学基金会科学基金网络信息系统
黄大年式教师团队	教育部官方网站（2017年）
全国道德模范	教育部官方网站（2012—2017年）
全国教书育人楷模	教育部官方网站（2012—2017年）
全国高校优秀思想政治教育工作者	教育部官方网站（2012—2017年）
全国高校优秀辅导员	教育部官方网站（2012—2017年）
全国高校优秀思想政治理论课教师	教育部官方网站（2012—2017年）
国家（重点）实验室	科技部官方网站
国家工程（技术）研究中心	发展和改革委员会
国家级人文社科重点研究基地	教育部网站
实验教学示范中心	2018年教育部官方网站
国家虚拟网络教学实验（中心）项目	教育部网站
中外合作办学机构	教育部中外合作监管信息平台

续表

指标	数据来源
高等学校教师教学发展示范中心	教育部网站
全国深化创新创业教育改革特色典型经验高校	教育部网站
全国深化创新创业教育改革示范高校	教育部网站
生师比	2016中国教育统计年鉴
杰出校友	校友网
本科毕业生数	2016中国教育统计年鉴
就业率	各省高校毕业生就业质量报告
考研率	各省高校毕业生就业质量报告
毕业生薪酬	各省高校毕业生就业质量报告
一流专业	教育部网站（国家级特色专业）
中国工程教育专业认证	中国工程教育专业认证协会网站
住房和城乡建设部专业评估	住房和城乡建设部网站
学科评估结果	中国学位与研究生教育信息网站
学科竞赛评估排名	高等教育学会网站
示范马克思主义学院	教育部网站
马克思主义理论一级学科博士点	中国学位与研究生教育信息网站
中国大学生自强之星称号获得者	共青团中央网站
中国大学生年度人物	教育部网站
中国青年"五四"奖章获得者	共青团中央网站
雷锋志愿服务"四个100"先进典型	中央宣传部网站
中国青年志愿者	共青团中央网站
全国大中专学生志愿者暑期"三下乡"社会实践优秀单位、团队及个人	共青团中央网站
国家级教学成果奖	教育部网站
六卓越一拔尖计划	教育部网站
国家最高科学技术奖	国家科学技术奖励委员会网站（2013—2017年）
国家科技三大奖（二等及以上）	高等学校科技统计资料汇编（2013—2017年）
高等学校十大科技进展	教育部网站（2013—2017年）
教育部高等学校人文社科奖	教育部网站（2013—2017年）
《Science》/《Nature》/《Cell》	《Science》/《Nature》/《Cell》期刊全文区
ESI热点论文	ESI检索中Highly Cited Papers
高水平中文期刊论文	2017年高等学校科技统计资料汇编
国家级高端智库	2016年国办文件
国家研究中心	科技部网站
国家"2011"协同创新中心	科技部网站

续表

指标	数据来源
国家级重大科学工程	科技部网站
本科生本地就业率	各省高校毕业生就业质量报告
发明专利转让数	2017年高等学校科技统计资料汇编
专利所有权转让及许可收入	2017年高等学校科技统计资料汇编
授权发明专利	2017年高等学校科技统计资料汇编
违纪、违规等	中纪委网站
高等学校国家财政性教育经费收入	2016年中国教育经费统计年鉴
高等学校R&D经费数当年拨入	2016年高等学校科技统计资料汇编

3.2 评价方法

本书依据所构建指标体系的自身特点通过深入对比分析，最终确定采用专家打分主观赋权与熵值赋权客观检验相结合的方法确定指标权重，在三级指标中，选取了变异系数法来鉴别指标区分度。观测点数据使用询证方法不断完善，采用标准化方法进行数据处理。

1. 专家打分法

利用已选取指标建立指标体系并给专家发放问卷，根据专家的反馈，修正指标，确定权重。利用层次分析法（AHP）将专家的主观打分权重用数量形式表达，并进一步处理。构成一个多层次分析结构模型，将这些因素按支配关系分组，形成递阶层次结构，通过两两比较的方式确定层次中各因素的相对重要性。相对于省际高等教育竞争评价这个总目标，选择规模、结构、质量和效率作为4个一级指标进行两两比较，分别构造相应的两两比较的判断矩阵，得出对于总目标的相对重要性的判断矩阵。同样，对于各一级指标下的二级指标和三级指标，也需要分别构造相应的两两比较的判断矩阵，最后确定权重。

2. 熵值法

熵是热力学中的一个物理概念，应用到信息系统中用来度量信息无序度，称为信息熵。信息熵越小，表示信息的无序度越低，其信息的效用值越大，指标的权重也越大，反之越小。利用信息熵来反映高等教育评价系统信息的有序程度和信息的效用值，对评价指标进行客观赋权，运用熵值法测算指标权重进行模拟评价，检验主观赋权的合理性。

3. 变异系数法

构建评价指标体系的原则是尽可能选取鉴别力大的评价指标，一般常用变异系数来描述评价指标的鉴别力大小。变异系数越大，表明该指标在各个决策单元中的分布变异性越大，该指标的鉴别力越强，反之，鉴别力则越差，因此可以根据指标的变异系数值的大小进行指标筛选，删除变异系数相对较小（即鉴别力较差）的评价指标，简化指标体系。

4．循证学方法

评价体系中观测点采用循证实践的手段。以"以不断出现的新观测点为基础，作为评价的证据并进行评价实践"，即为"遵循证据进行实践"。解决了评价主题针对具体问题，在评价对象的配合下，根据研究者提供的最佳证据及管理者制定的实践指南与标准等进行具体实践。它涉及研究者、实践者、实践对象与相关管理者四个方面，并为他们架起了有效沟通的桥梁。使研究更加客观、接近实际情况，同时便于实践的开展。

5．数据的标准化处理

借鉴1990年联合国开发计划署首次发布《人类发展报告》编制人类发展指数（HDI）的方法，对各指标原始数据进行标准化处理，形成分项指数。通过公式：分项指数＝（实际值－最小值）/（最大值－最小值）{非正向指标，根据相关政策标准采用人工赋值方法计算}，将具有不同量纲的指标数据调节到［0，1］之间，赋予相同的量纲和数量级。上述做法消除了各分项指标在量纲和量级上的差异，去除数据的单位限制，将其转化为无量纲的纯数值，便于不同单位或量级的指标能够进行比较和加权。这使得在保留原始数据相对差异性的同时，赋予各指标可比性。

3.3　评价测算

3.3.1　测算方法

1．权重的确定

一级指标的权重。一级指标的权重采用主观的专家打分赋权方法。利用数名专家对规模、结构、质量和效率4个一级指标进行主观打分；对专家打分结果进行归一化处理，得出相应的该位专家对4个一级指标的权重；计算出每一位专家的4个一级指标的权重结果，然后计算出权重的均值。

二级指标的权重。二级指标与一级指标权重相似，也采用主观的专家打分赋权方法。

三级指标的权重。三级指标通过占比进行赋权。基于各二级指标所属三级指标重要性相同这一基本判断，可得出各二级指标所属三级指标权重均相等。通过三级指标所属二级指标的比重可确定出三级指标权重相等，且其值之和等于所属二级指标权重值。

各级指标权重相互关系式：

（1）一级指标权重。一级指标权重Q_i之和为1。

（2）二级指标权重。二级指标权重$Q_{i,k}$之和等于该二级指标所属一级指标权重Q_i。

（3）三级指标权重。三级指标权重$Q_{i,j}$之和等于该三级指标所属二级指标权重$Q_{i,k}$且该二级指标所属范围内各三级指标权重值相等。

2．三级指标竞争力指数计算方法

三级指标竞争力指数值——$X_{i,j}$

（1）一般情况下，三级竞争力指数值计算方法

对原始矩阵的同类项目即*j*列进行归一化处理，得到三级指标竞争力指数值$X_{i,j}$，值的范围在［0，1］之间。计算公式：

$$X_{i,j} = (M_{i,j} - Min_{i,j}) / (Max_{i,j} - Min_{i,j})$$

其中，$M_{i,j}$为该指标的原始三级指标值，$Max_{i,j}$为最大值；$Min_{i,j}$为最小值；$X_{i,j}$为该指标的竞争力指数值；

（2）三级指标为非正向指标时，三级竞争力指数值计算方法

与其他三级指标竞争力指数值算法不同。依据教育部规定达到或超过标准的取值为1，未达标准的按照达标程度赋<1的值（0.9、0.8等）。

（3）三级指标包含多个观测点时，三级竞争力指数值计算方法

三级指标由多个观测点组成时，先按表3-2权值比例折合计算，合成三级指标值，然后再按（1）中公式计算$X_{i,j}$值。

这种情况下的指数值共有12项见表3-2。

三级指标权重值　　　　　　　　　　　　　　　　　表3-2

三级指标	观测点	权值比例
国家级教学平台与机构	实验教学示范中心：国家虚拟网络教学实验中心：教师教学培训中心：中外合作办学机构	1：1：1：1
毕业生就业质量	就业率：毕业生薪酬：考研率	1：1：1
课程教材建设	国家级精品在线课程：国家规划教材	1：1
入选一流大学与一流学科数	一流大学A：一流大学B：一流学科	10：7：1
国家三大科技奖（包括自然科学奖、发明奖、科技进步奖）	一等奖：二等奖	5：1
国家级教学成果奖数二等奖及以上	国家级特等奖：国家级一等奖：国家级二等奖	5：3：1
代表性骨干教师	两院院士：长江学者特聘教授：国家级教学名师：国家杰出青年科学基金获得者：黄大年式教学团队：全国道德模范：全国教书育人楷模：全国高校优秀思想政治教育工作者：全国高校优秀辅导员：全国高校优秀思想政治理论课教师	3：1：1：1：3：3：3：1：1：1
代表性优秀学生	中国大学生自强之星称号获得者：中国大学生年度人物：中国青年五四奖章获得者：雷锋志愿服务"四个100"先进典型：中国青年志愿者	5：5：5：2：1
国家级科研平台	国家实验室：国家重点实验室：国家工程（技术）研究中心：国家"2011"协同创新中心	5：1：1：5
专业建设	一流专业：中国工程教育专业认证：六卓越一拔尖计划	2：1：1
科研奖励	国家最高科学技术奖：国家科技三大奖（二等及以上）：高等学校十大科技进展：教育部高等学校人文社科一等奖	100：5：20：1
科研论文	《Cell》/《Science》/《Nature》（1：1：1）：ESI高被引论文数：发表高水平中文期刊论文数	10000：1000：1

3. 省际高等教育竞争力指数值——G

省际高等教育竞争力指数值为：对应的三级指标权重与该三级指标竞争力指数乘积之和。计算公式：

$$竞争力指数 = \Sigma 专家打分权重 \times 分项指数$$

即：

$$G = \Sigma Q_{i,j} \times X_{i,j}$$

其中，G 表示省际高等教育竞争力指数值，$Q_{i,j}$ 表示三级指标权重，$X_{i,j}$ 表示三级竞争力指数值。

3.3.2 评价步骤

（1）利用变异系数法评价指标鉴别力大小。选取变异系数大的指标，确定原始变量指标体系。建立关于指标体系的原始矩阵Z。

（2）原始数据标准化，得到标准化矩阵X，以消除量纲上存在的不同。标准化公式为 $x'_{ij} = \dfrac{x_{ij} - \bar{x}_j}{\delta_j}$，其中 $i = 1，2，3，\cdots，n$ 为样本数；$j = 1，2，3，\cdots，m$ 为样本变量数；$\bar{x}_j$ 为均值，δ_j 为方差。

（3）请专家打分赋予初步权重，应用AHP方法构造相应的两两比较的判断矩阵，最后确定各指标的最终权重。

（4）最终权重与对应的标准化指标值相乘，计算省际高等教育竞争力指数值。

（5）运用熵值法确定各指标的客观熵权。

（6）客观熵权与对应标准化指标值相乘，计算出省际高等教育竞争力指数值，并与专家权重计算的省际高等教育竞争力指数值对比，检验其合理性。最终得出各省高等教育竞争力指数大小。

3.3.3 结果测算

通过所构建指标体系，作者采集了相关的数据，对31个省（市、自治区）的当前的高等教育综合竞争力进行了评价。

综合竞争力情况，具体情况见表3-3。

31省（市、自治区）高等教育综合竞争力指数值 表3-3

地区	竞争力指数值	综合竞争力指数得分
北京	92.848	1
上海	58.672	2
江苏	53.531	3
湖北	41.638	4
浙江	38.841	5

续表

地区	竞争力指数值	综合竞争力指数得分
广东	38.059	6
陕西	37.002	7
四川	31.432	8
山东	31.296	9
天津	30.806	10
辽宁	29.893	11
黑龙江	28.488	12
湖南	27.844	13
福建	26.282	14
安徽	25.429	15
吉林	23.983	16
重庆	23.655	17
河南	21.669	18
河北	16.531	19
新疆	15.885	20
广西	15.436	21
云南	14.947	22
甘肃	14.536	23
江西	14.384	24
山西	12.791	25
内蒙古	10.660	26
贵州	10.106	27
宁夏	8.798	28
海南	7.912	29
青海	7.782	30
西藏	6.771	31
平均指数	26.384	—

按照综合竞争力指标得分由高到低排序，从表3-3可以看出，各省（市、自治区）高等教育整体水平强弱依次排列为：1.北京，2.上海，3.江苏，4.湖北，5.浙江，6.广东，7.陕西，8.四川，9.山东，10.天津，11.辽宁，12.黑龙江，13.湖南，14.福建，15.安徽，16.吉林，17.重庆，18.河南，19.河北，20.新疆，21.广西，22.云南，23.甘肃，24.江西，25.山西，26.内蒙古，27.贵州，28.宁夏，29.海南，30.青海，31.西藏。

4 省际高等教育竞争力量化仿真

4.1 仿真语言及环境

依据本研究制定的省际高等教育竞争力指标体系及省际高等教育竞争力测算评级方法及标准，设计实现数据分析软件完成数据获取、数据解析、根据数据处理公式生成结果、数据展示和可视化的过程，实现竞争力测算的便捷化，故采用Python语言及Matplotlib、Pandas等数据分析函数库编写省际高等教育竞争力测算程序。

Python语言有便于学习与阅读，支持互动模式，易于维护并拥有广泛的第三方功能库，且在不同平台中兼容性很好、代码可移植等优点；Pandas函数库具有实现灵活数据操作的优点；Matplotlib实现数据可视化，并且可嵌入其他程序中，实现各类展示图形绘制脚本化。省际高等教育竞争力测算程序的开发环境如下：

（1）开发工具采用JetBrains PyCharm 2018.3.5 x64。

（2）编程语言采用Python3语言为主，辅以tkinter及Matplotlib。

（3）硬件环境：内存8G以上的PC。

（4）软件环境：32位或64位Windows Server 2005及以上版本操作系统。

4.2 高教数据读写功能的设计与实现

4.2.1 数据读入操作

数据分析离不开对数据的获取，即把数据从相应的存储结构中读取出来。竞争力测算程序采用read_excel函数，其中需要设置以下参数对数据进行预处理：

1. 分隔符

数据读写中，通过sep设置分隔符，可以定制标记符号来分割数据属性。在测算过程中，为了处置部分表格未采用固定分隔符来分割字段的问题，算法传递一个正则表达式参数作为分隔符来自动实现数据的规整操作。

2. 数据属性标题

当读入的数据没有标题行，需要区分各列数据的含义。算法采用Pandas自动分配默认列名，也可以用names自定义属性标题，从而实现了各列特征的自动标注。

3. 特定属性选取操作

如选取某一列作为数据帧（Data Frame）的索引，可以通过index_col参数指定该列即可，如果希望将多个列做成一个层次化索引，则把由列编号或列名组成的列表赋值给

index_col。

4．异形文件处理

当面临各种异形文件格式时，则设置skiprows参数跳过文件的某些特殊行。

5．特定样本选取操作

当要处理的文件很大，但测算过程只需要读取部分数据或者处理能力有限只能不断分批次地读取数据时，可以通过nrows或者chunksize指定读取特定范围的数据。

6．数据读取其他方式

目前，大数据集对采用csv格式或者其他的表格形式，较为常用的方法是read_csv和read_table，函数参数的设置和read_excel相类似。

综合运用上述3个数据读入函数，可以根据不同的文件格式选取合适的函数来正确读取数据。

4.2.2　数据存储操作

为了将最终分析结果以Excel表形式存储，算法借助第三方库openpyxl来实现该功能。数据存储流程如下：

首先，导入openpyxl库和相关函数及变量，然后创建一个Workbook对象，获取第一个sheet，然后可以将数据写入多个单元格，并可以批量对多个单元格进行操作，相关操作包括：对单元格的类型进行指定，利用公式对数据进行数值运算操作。

其次，数据集通常使用的数据格式为csv格式，可以利用DataFrame的to_csv方法把数据写入csv格式的文件中。缺失值在输出结果中会被表示为空字符串，可以选择将其变换为其他的标记值。在写入csv文件时，可以只写入一部分需要的数据并且可以不保留原有行标签和列标签，也可以选用其他函数将数据文件转换成Json格式进行储存。

4.3　数据清洗技术

数据质量问题会对高等教育竞争力测算应用产生严重影响，为了发现与纠正高校指标原始数据文件中可识别的错误，数据清洗的作用十分关键。因此要将那些错误的、相互冲突没有意义的"脏数据"清洗掉，对缺失数据进行合适的处理，对多指标数值和单位不同的值要进行归一化处理，因而选用Python语言内置的标准库，其提供了一组高级、灵活、快速的工具可以将数据按照需求格式化。主要涉及的处理方法包括：

1．处理缺失值

在实际数据分析的过程中，数据缺失是一种无法避免的现象。Pandas能够较好地处理缺失数据，对于数值数据，使用浮点值NaN（Not a Number）表示缺失数据，可以方便地检测出缺失数据，对于常见的缺失值（不存在或者出现问题）表示为NA。

采用dropna函数根据各标签的值中是否存在缺失数据对轴标签进行过滤，同时可设置阈值来调节程序对缺失值NA的容忍度。

isnull函数可以返回一个布尔值对象，其表示出哪些值是缺失值，并且保证了与源对象的一致性。

2. 数据补全

当不需完全滤除缺失数据而是希望填补缺失数据时，采用fillna函数的指定值或插值方法填充缺失数据。当需要实现在不同列填充不同值，采用字典调用即可。

4.4 数据可视化技术

在实现了数据处理阶段之后，需要考虑如何将处理好的数据进行可视化分析。数据可视化是数据分析中关键环节，通常利用Matplotlib实现数据可视化。Matplotlib是用于创建出版质量图表的桌面绘图包，是Python中最流行的绘图库，其拥有多个数据可视化工具集，极大简化了交互式绘图的复杂性，通过API可以轻松地绘制出高质量的图形，库函数使用起来极其简单，能够以渐进、交互的方式实现数据可视化表达式。

4.5 程序运行流程

程序运行流程图如图4-1所示。

本程序首先采用pandas库中的read_excel方法对Excel中的数据读取出来，转化为DataFrame结构进行处理，然后将Excel数据解析为数组形式的数据，pingwei1/pingwei.py中采用pingwei1函数对原始数据进行预处理之后，采用上述方法得到数据结果，并将结果写入Excel文件中，最终得到各省三级指标数据表、二级指标数据表、一级指标数据表和各省的指标数据表。

由于高校数据中分为三级指标进行分析，为了对权重进行合理的分配，必须要采用归一化的方法将数值和单位不同的值进行归一化，才能实现数据的科学分析。在对数据进行归一化处理时，将特征缩放至特定区间（最小值和最大值之间），或者也可以将每个特征的最大绝对值转换至单位大小。这种方法是对原始数据的线性变换，转换函数为：

$$x = (x - \min) / (\max - \min)$$

也可以写成：

$$(current\_data - col\_min) / (col\_max - col\_min)$$

current_data代表当前数据，这标准化方法有个缺陷就是当有新数据加入时，可能导致max和min的变化，需要重新定义，所以适用于数据在一个范围内分布的情况（图4-2）。

```
┌─────────────────────────────┐        ┌───────────┐
│ 点击进入可视化界面，输入并读取excel表数据 │        │  原始数据  │
└─────────────────────────────┘        └───────────┘
             │                                │
             ▼                                ▼
┌─────────────────────────────┐        ┌───────────┐
│ 利用读入数据对各级指标的值取出与权重数据 │        │  归一处理  │
│ 相乘得到各项指标的实际值并进行归一化    │        └───────────┘
└─────────────────────────────┘              │
             │                                ▼
             ▼                          ┌───────────┐
┌─────────────────────────────┐        │  与权重相乘 │
│ 对实际值排序得到最终的数据表，生成数据图 │        └───────────┘
└─────────────────────────────┘              │
             │                                ▼
             ▼                          ┌───────────┐
┌─────────────────────────────┐        │  结果数据  │
│ 处理结果写入excel表中并将生成数据图结果显 │        └───────────┘
│ 示到图像化界面                      │
└─────────────────────────────┘
```

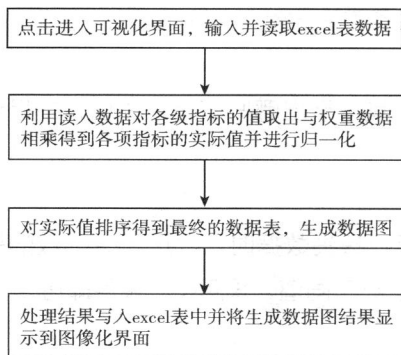

图4-1　程序运行流程图　　　　　　　图4-2　归一化处理

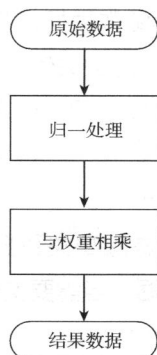

4.6　软件展示

4.6.1　初始界面

点击运行软件，初始界面如图4-3所示。

点击"导入excel文件"将需要处理的表格数据导入。

4.6.2　解析计算

导入数据后，系统自动对表格进行解析计算，最终结果显示在界面表格中，如图4-4所示。

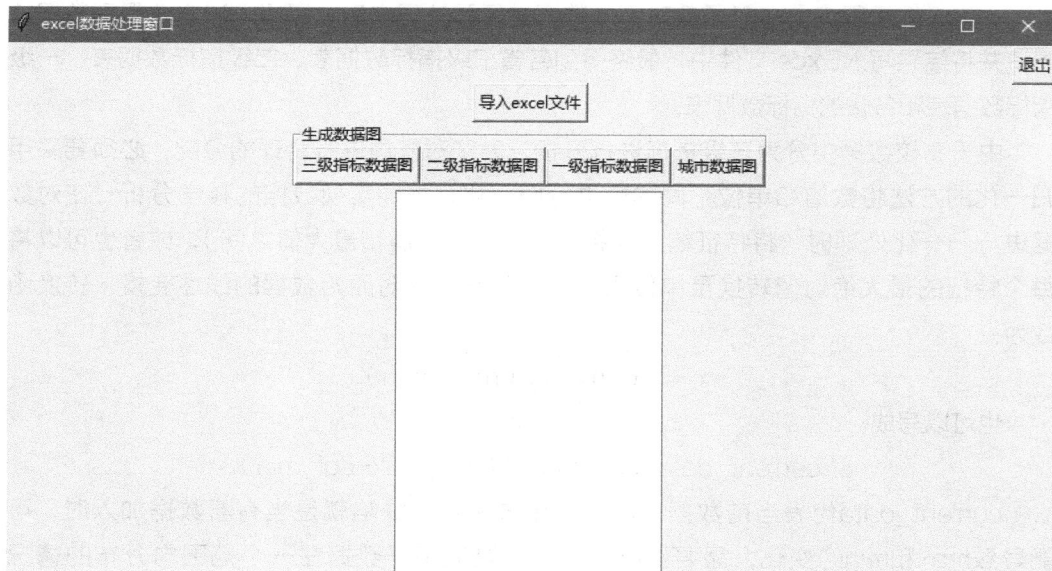

图4-3　初始界面

图4-4 解析计算

在计算完成后，生成的结果将存放在软件目录下，根据指标等级和城市分别进行存放。

4.6.3 指标可视化数据图

点击"三级指标数据图""二级指标数据图"按钮，勾选所需生成数据图的城市及各项指标，点击提交，系统即显示选中城市的指标折线图，其中横坐标为指标，纵坐标为得分，不同折线为不同城市，如图4-5～图4-7所示。

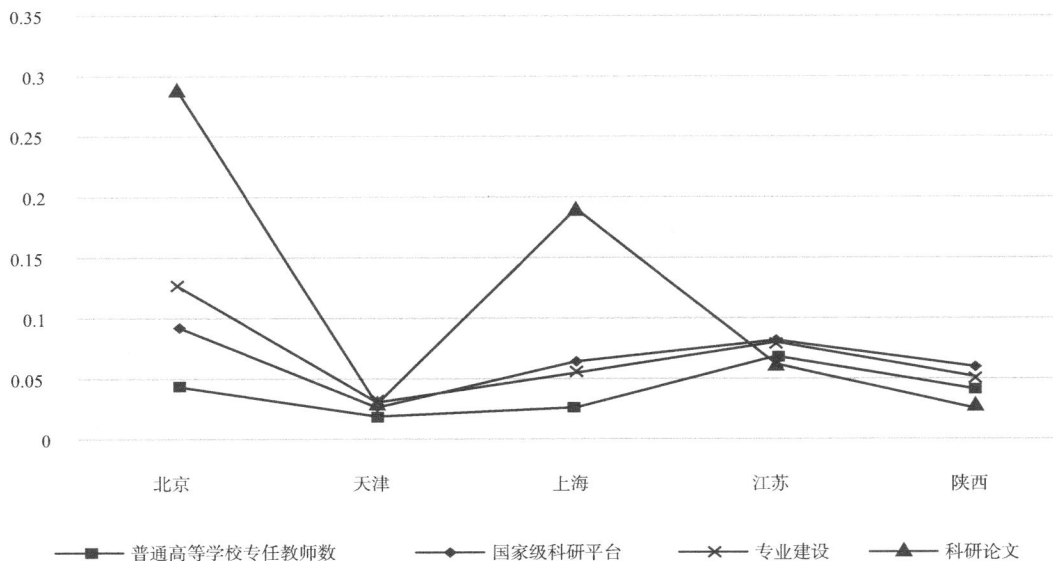

图4-5 三级指标可视化数据图

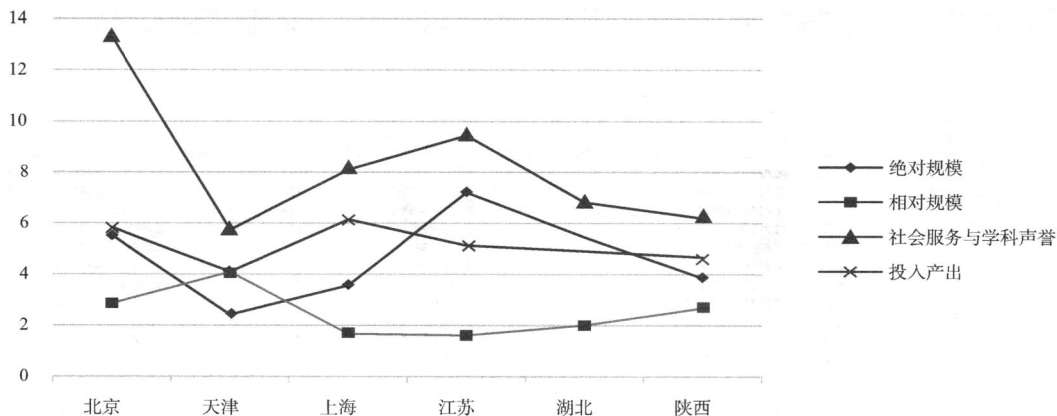

图4-6　二级指标可视化数据图

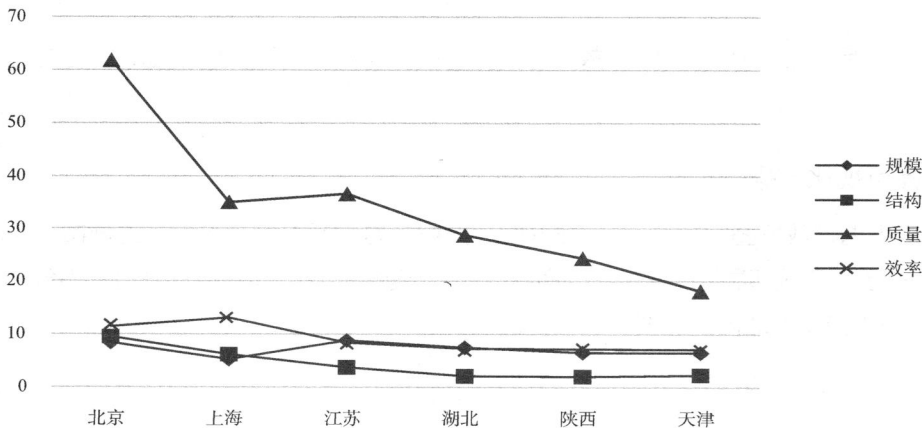

图4-7　一级指标可视化数据图

4.6.4　城市可视化数据图

　　点击"城市数据图"按钮，勾选待分析地区的高校教育数据，点击提交，生成城市一级四项指标雷达图，四个点代表四个指标，北京市高教数据分析结果如图4-8所示。

　　本书依据省际高等教育竞争力指标体系及相关测算评级方法，采用Python语言及Matplotlib、Pandas等数据分析函数库实现了区域高等教育竞争力测算程序。本章解析了区域高等教育竞争力测算方法分析流程，详述了数据文件读写、数据清洗和分析结果可视化等关键数据分析技术，最后给出省际高等教育竞争力数据分析结果，以期为高等教育高质量发展相关评价研究提供一定的借鉴。

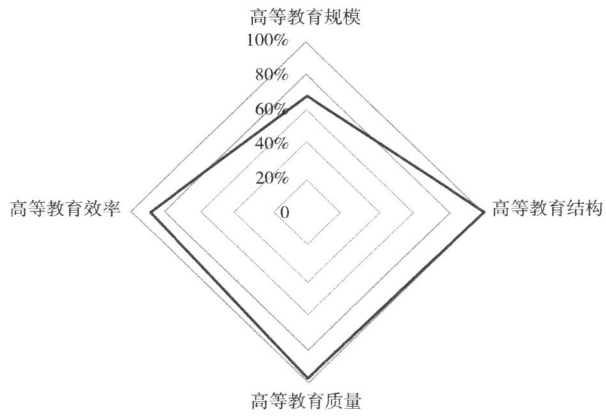

图4-8　城市可视化数据图

5 省际高等教育竞争力评价分析

依据本书研究确立的高等教育竞争力评价指标体系与计算方法，本书重点对省际高等教育竞争力的综合竞争力、一级指标竞争力、二级指标竞争力、三级指标竞争力及部分核心观测点进行评价和排序，分析的思路如图5-1所示。

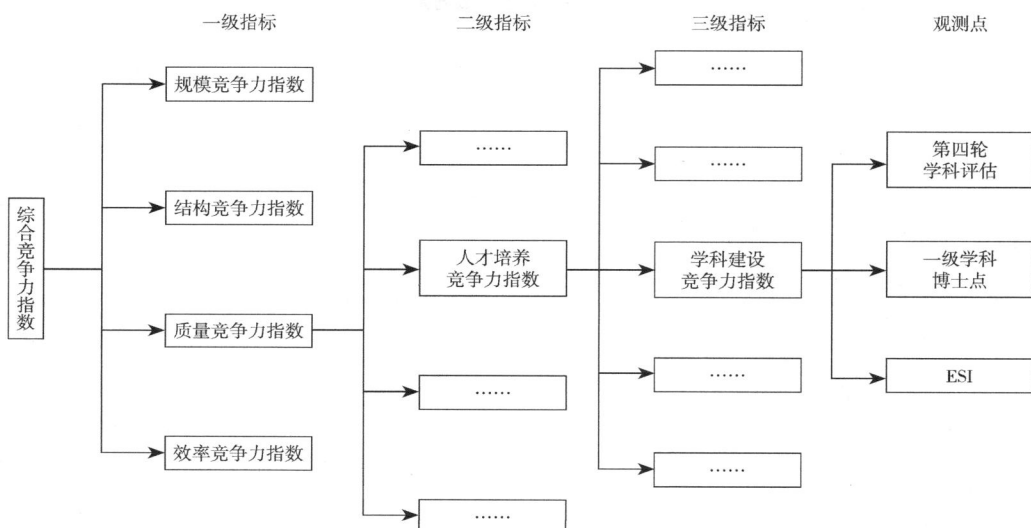

图5-1 省际高等教育竞争力指数分析示意图

5.1 总体评价

本书依据竞争力综合指数值的大小，采用聚类分析的方法，对31个省（市、自治区）高等教育竞争力进行梯队了划分。竞争力指数得分在［0，100］之间，划分依据是：

第一梯队：竞争力指数得分≥50分；

第二梯队：50分＞竞争力指数得分≥30分；

第三梯队：30分＞竞争力指数得分≥20分；

第四梯队：竞争力指数得分＜20分。

31个省（市、自治区）竞争力排名及梯队见表5-1和图5-2。

31个省（市、自治区）高等教育综合竞争力指数梯队分析表　　表5-1

第一梯队			第二梯队			第三梯队			第四梯队		
序号	地区	综合竞争力指数得分	序号	地区	综合竞争力指数得分	序号	地区	综合竞争力指数得分	序号	地区	综合竞争力指数得分
1	北京	92.848	1	湖北	41.638	1	辽宁	29.893	1	河北	16.531
2	上海	58.672	2	浙江	38.841	2	黑龙江	28.488	2	新疆	15.885
3	江苏	53.531	3	广东	38.059	3	湖南	27.844	3	广西	15.436
			4	陕西	37.002	4	福建	26.282	4	云南	14.947
			5	四川	31.432	5	安徽	25.429	5	甘肃	14.536
			6	山东	31.296	6	吉林	23.983	6	江西	14.384
			7	天津	30.806	7	重庆	23.655	7	山西	12.791
						8	河南	21.669	8	内蒙古	10.660
									9	贵州	10.106
									10	宁夏	8.798
									11	海南	7.912
									12	青海	7.782
									13	西藏	6.771
—	平均指数	68.350	—	平均指数	35.582	—	平均指数	25.905	—	平均指数	12.041

　　表5-1和图5-2可以发现，从单一地区来看当前我国高等教育竞争力较以往差距进一步拉大。突出表现，一是北京市为高等教育的超级地区，其竞争力得分高达最弱地区的9倍以上。二是两头分化现象愈演愈烈，上海、江苏也逐步迈入高等教育超级地区，超级区域整体数量不断增长，贵州、内蒙古等高等教育偏弱地区情况改善不明显，宁夏、青海、

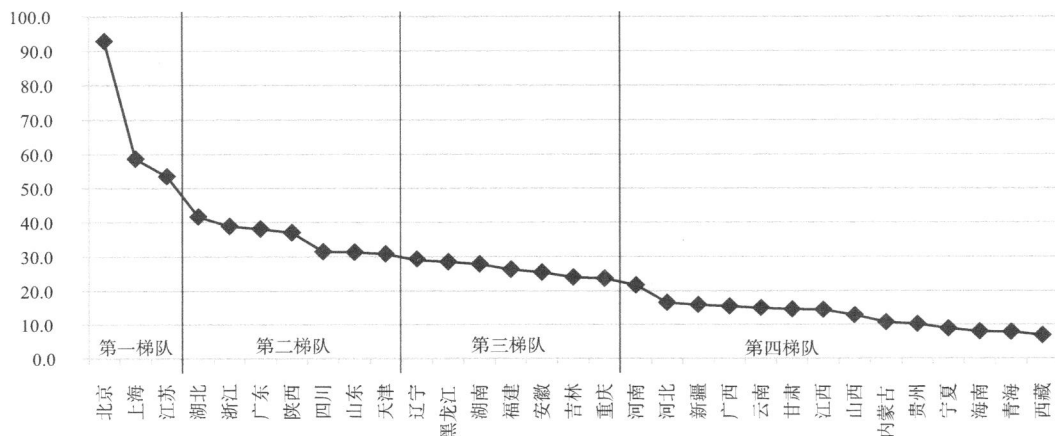

图5-2　31个省（市、自治区）高等教育竞争力指数趋势图

西藏及海南等高等教育极弱地区情况亦未改善，且数量也未减少。

全国31个省（市、自治区）高等教育的综合竞争力依据表5-1和图5-2进行梯队划分后我们发现，第一、二、三、四梯队内包含地区数量分别是3、7、8、13，总体呈现为金字塔结构。四个梯队高等教育竞争力具体情况为：

第一梯队：北京、上海、江苏。以上3个地区高等教育总体竞争力超强，尤其突出的是北京，其高等教育综合竞争力得分92.848；上海、江苏得分为58.672和53.531，二者竞争力相当，约为北京的70%。竞争力平均指数是68.350，是全国竞争力平均指数26.384的2.6倍，第一梯队北京、江苏、上海3个地区的高等教育综合竞争力得分为205.051分。

第二梯队：湖北、浙江、广东、陕西、四川、山东、天津。以上7个地区高等教育综合竞争力较强，得分在30.806～41.638之间，不足北京的一半。第二梯队整体高等教育综合竞争力得分为249.1，竞争力平均指数为35.582，高于全国平均水平，略高于第一梯队竞争力平均指数的1/2。

第三梯队：辽宁、黑龙江、湖南、福建、安徽、吉林、重庆、河南。以上8个地区高等教育综合竞争力一般，得分在21.669～29.893之间，为北京23%～32%。第三梯队整体高等教育综合竞争力得分为207.243，竞争力平均指数25.905，低于第一、二梯队竞争力平均指数，略低于全国竞争力平均指数。

第四梯队：河北、新疆、广西、云南、甘肃、江西、山西、内蒙古、贵州、宁夏、海南、青海、西藏。以上13个地区的高等教育综合竞争力较弱，得分在6.771～16.531之间，约为北京的7%～20%。第四梯队整体高等教育综合竞争力得分为156.539，竞争力平均指数为12.041，不到第一梯队竞争力平均指数的1/5，远低于第二、第三梯队竞争力指数，也远低于全国竞争力平均指数。

5.2　一级指标竞争力评价

31个省（市、自治区）一级指标竞争力排名情况见表5-2。

31个省（市、自治区）高等教育一级指标竞争力指数梯队分析表　　　表5-2

各省	规模		结构		质量		效率	
	得分	排名	得分	排名	得分	排名	得分	排名
北京	6.696	1	10.000	1	62.860	1	13.293	2
上海	4.117	10	6.463	2	33.092	3	15.000	1
江苏	6.148	2	3.827	3	33.669	2	9.887	3
湖北	5.400	5	2.217	7	25.300	4	8.722	5
浙江	4.045	11	2.669	4	23.387	6	8.740	4

续表

各省	规模		结构		质量		效率	
	得分	排名	得分	排名	得分	排名	得分	排名
广东	5.009	7	1.594	13	24.918	5	6.539	11
陕西	5.010	6	2.108	9	21.324	7	8.560	6
四川	3.911	12	1.515	15	20.185	9	5.822	15
山东	5.544	4	1.734	11	20.251	8	3.765	18
天津	5.585	3	2.397	5	14.475	16	8.348	7
辽宁	4.558	9	2.112	8	16.618	10	6.605	10
黑龙江	3.217	20	2.324	6	15.667	12	7.280	8
湖南	3.836	14	1.151	18	16.389	11	6.469	12
福建	3.444	18	1.600	12	14.966	14	6.272	14
安徽	3.784	15	1.130	19	15.422	13	5.093	16
吉林	3.243	19	1.558	14	12.269	17	6.913	9
重庆	3.729	16	1.861	10	11.760	18	6.305	13
河南	4.625	8	0.487	23	14.490	15	2.067	21
河北	3.501	17	0.457	25	10.841	20	1.731	24
新疆	1.365	28	0.974	20	11.581	19	1.965	22
广西	2.686	22	0.719	21	10.189	21	1.842	23
云南	2.155	23	1.215	17	8.174	23	3.403	19
甘肃	2.020	24	1.282	16	7.149	24	4.085	17
江西	3.843	13	0.375	26	8.525	22	1.641	25
山西	3.094	21	0.659	22	6.840	26	2.199	20
内蒙古	1.952	25	0.341	27	6.798	27	1.569	26
贵州	1.882	26	0.180	30	7.090	25	0.955	30
宁夏	1.326	29	0.263	29	5.978	29	1.232	29
海南	1.802	27	0.128	31	4.502	31	1.480	28
青海	0.096	31	0.466	24	5.665	30	1.555	27
西藏	0.161	30	0.306	28	6.092	28	0.213	31
平均指数	3.477	—	1.746	—	16.015	—	5.147	—

注：规模指数总分值为10分，结构指数总分值为10分，质量指数总分值为65分，效率指数总分值为15分。

5.2.1 规模竞争力

按照高等教育规模竞争力指标得分由高到低排序，从表5-2可以看出，各省（市、自治区）规模竞争力由高到低依次为：1.北京，2.江苏，3.天津，4.山东，5.湖北，6.陕西，7.广东，8.河南，9.辽宁，10. 上海，11.浙江，12.四川，13.江西，14.湖南，15.安徽，

16.重庆，17.河北，18.福建，19.吉林，20.黑龙江，21.山西，22.广西，23.云南，24.甘肃，25.内蒙古，26.贵州，27.海南，28.新疆，29.宁夏，30.西藏，31.青海。全国高等教教育规模竞争力平均指数为3.477。

从单一地区来看，当前我国高等教育规模较21世纪初有较大改善，人口规模较大的地区高等教育规模均得到较大提升。一是当前高等教育规模竞争力最弱的后10个地区仍然是人口规模偏小，经济发展较为缓慢的老少边穷地区；二是西藏和青海两地区的高等教育规模竞争力平均得分仅为0.129左右，仅是北京的1.9%，江苏省的2.1%，差距悬殊。

全国31省（市、自治区）高等教育规模竞争力依据综合竞争力梯队划分，从图5-3可以看出各梯队内具体情况如下。

在竞争力第一梯队中：北京高等教育规模竞争力得分为6.696，全国排名第1，规模竞争力最强；上海高等教育规模竞争力得分为4.117，全国排名第10，处于全国中等水平；江苏高等教育规模竞争力得分为6.148，全国排名第2。第一梯队高等教育规模竞争力平均指数为5.654，约为全国平均指数的1.6倍。

在竞争力第二梯队中：湖北、浙江、广东、陕西、四川、山东、天津7个地区高等教育规模得分在3.911~5.585之间。其中天津竞争力最强，全国排名第3；其余依次为山东、湖北、陕西、广东、浙江、四川，排名分别为4、5、6、7、9、12。第二梯队高等教育规模竞争力平均指数为4.929，高于全国平均指数。

在竞争力第三梯队中：辽宁、黑龙江、湖南、福建、安徽、吉林、重庆、河南8个地区高等教育规模得分在3.217~4.625之间。其中河南、辽宁竞争力较大，全国排名第8、第9；其余依次为湖南、安徽、重庆、福建、吉林、黑龙江，排名分别为14、15、16、18、19、20。第三梯队高等教育规模竞争力平均指数为3.804，略高于全国平均指数。

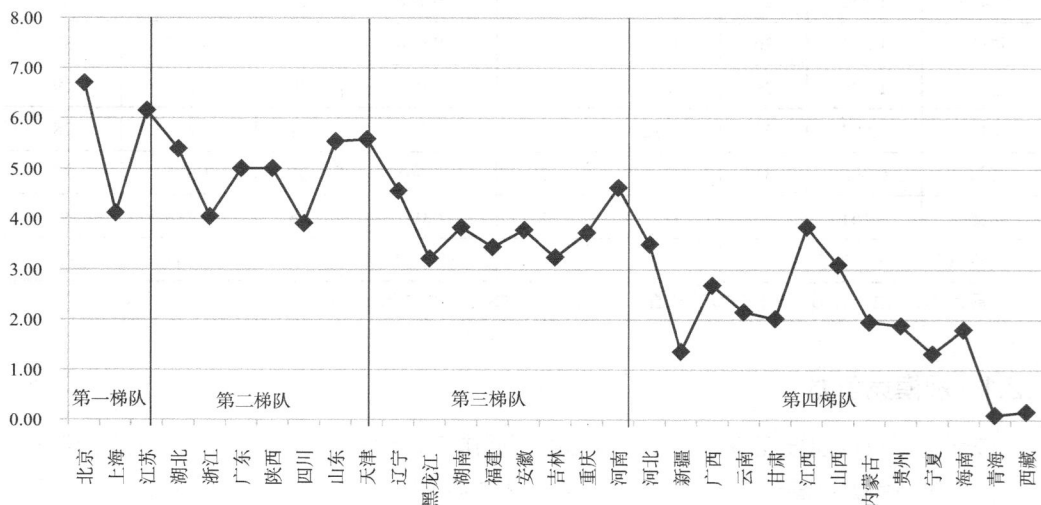

图5-3　31个省（市、自治区）高等教育规模竞争力指数趋势图

在竞争力第四梯队中：河北、新疆、广西、云南、甘肃、江西、山西、内蒙古、贵州、宁夏、海南、青海、西藏13个地区的高等教育规模得分在0.096~3.843之间。其中江西、河北两省高等教育规模尚可，排名分别为第13和第17位，其余均较小。第四梯队高等教育规模竞争力平均指数为1.991，约为全国平均指数的1/2。

5.2.2 结构竞争力

按照高等教育结构竞争力指标得分由高到低排序，从表5-2可以看出，各省（市、自治区）结构竞争力由高到低依次为：1.北京，2.上海，3.江苏，4.浙江，5.天津，6.黑龙江，7.湖北，8.辽宁，9.陕西，10.重庆，11.山东，12.福建，13.广东，14.吉林，15.四川，16.甘肃，17.云南，18.湖南，19.安徽，20.新疆，21.广西，22.山西，23.河南，24.青海，25.河北，26.江西，27.内蒙古，28.西藏，29.宁夏，30.贵州，31.海南。全国高等教育结构竞争力平均指数为1.746。

从单一地区来看，当前我国高等教育结构竞争力地区间差距极大。主要表现在，一是高等教育结构竞争力超强的地区仅有北京和上海，得分超过6分以上。二是17个地区得分分布在1~4之间，与北京、上海差距较大。三是占我国地区总数达39%的12个地区的得分均小于1，该指标分值的12个地区高等教育结构竞争力得分约为北京一个地区的50%，略小于上海地区得分。四是9个地区高等教育结构竞争力指标得分率仅为该项一级指标总分值的5%。

全国31个省（市、自治区）高等教育结构竞争力依据综合竞争力梯队划分，从图5-4可以看出各梯队内具体情况如下。

在竞争力第一梯队中：北京高等教育结构竞争力得分为10，全国排名第1，结构超优；

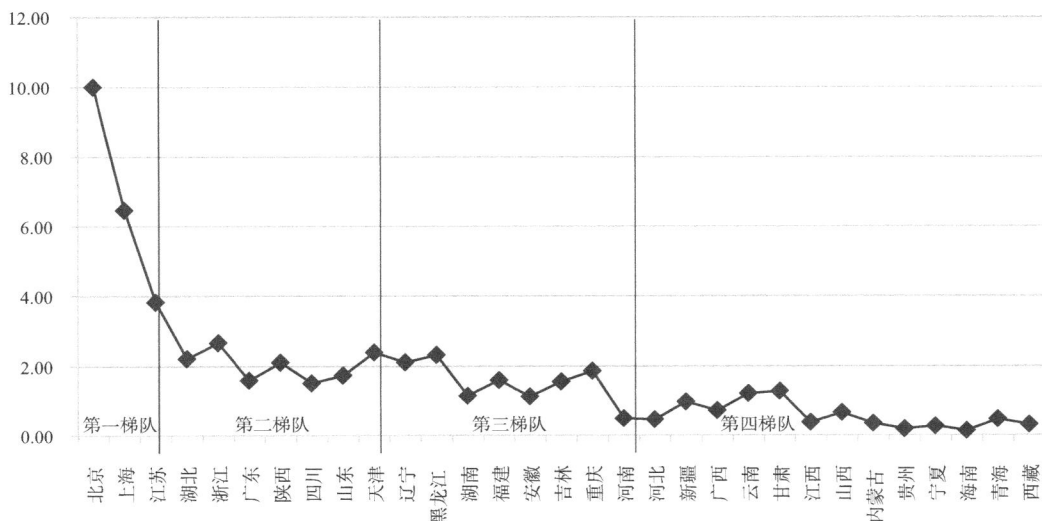

图5-4 31个省（市、自治区）高等教育结构竞争力指数趋势图

上海高等教育结构竞争力得分为6.463，全国排名第2；江苏高等教育结构竞争力得分为3.827，全国排名第3。第一梯队内3个地区间高等教育结构竞争力差距较大，高等教育结构竞争力与综合竞争力基本一致。第一梯队高等教育结构竞争力平均指数为6.763，约为全国平均指数的4倍。

在竞争力第二梯队中：湖北、浙江、广东、陕西、四川、山东、天津7个地区高等教育结构得分在1.515~2.669之间。其中浙江结构最优，全国排名第4；其余依次为天津、湖北、陕西、山东、广东、四川，排名分别为5、7、9、11、13、15。第二梯队高等教育结构竞争力平均指数为2.033，略高于全国平均指数。

在竞争力第三梯队中：辽宁、黑龙江、湖南、福建、安徽、吉林、重庆、河南8个地区高等教育结构得分在0.487~2.324之间。其中黑龙江结构较优，全国排名第6；其余依次为辽宁、重庆、福建、吉林、湖南、安徽、河南，排名分别为8、10、12、14、18、19、23。第三梯队高等教育结构竞争力平均指数为1.528，略低于全国平均指数。

在竞争力第四梯队中：河北、新疆、广西、云南、甘肃、江西、山西、内蒙古、贵州、宁夏、海南、青海、西藏13个地区的高等教育结构得分在0.128~1.282之间。其中甘肃、云南高等教育结构尚可，排名为第16和第17，其余均靠后。第四梯队高等教育结构竞争力平均指数为0.567，远低于全国平均指数。

5.2.3 质量竞争力

按照高等教育质量竞争力指标得分由高到低排序，从表5-2可以看出，各省（市、自治区）质量竞争力由高到低依次为：1.北京，2.江苏，3.上海，4.湖北，5.广东，6.浙江，7.陕西，8.山东，9.四川，10.辽宁，11.湖南，12.黑龙江，13.安徽，14.福建，15.河南，16.天津，17.吉林，18.重庆，19.新疆，20.河北，21.广西，22.江西，23.云南，24.甘肃，25.贵州，26.山西，27.内蒙古，28.西藏，29.宁夏，30.青海，31.海南。全国高等教育质量竞争力指数16.015。

从单一地区来看，当前我国高等教育质量竞争力地区间差距很大。主要表现为，一是高等教育质量竞争力超强的地区仅有北京。二是高等教育质量竞争力次强的地区仅有江苏和上海，得分仅为北京的一半左右。三是15个地区得分小于13，得分约为该项总得分的20%。

全国31个省（市、自治区）高等教育质量竞争力依据综合竞争力梯队划分，从图5-5可以看出各梯队内具体情况如下。

在竞争力第一梯队中：北京高等教育质量竞争力得分为62.860，全国排名第1，高等教育质量最优；其次为江苏和上海全国排名第2和第3，得分分别为33.669和33.092。第一梯队内江苏和上海高等教育结构竞争力与北京差距较大。第一梯队高等教育质量竞争力平均指数为43.207，约为全国平均指数的2.7倍。

在竞争力第二梯队中：湖北、浙江、广东、陕西、四川、山东、天津7个地区高等教

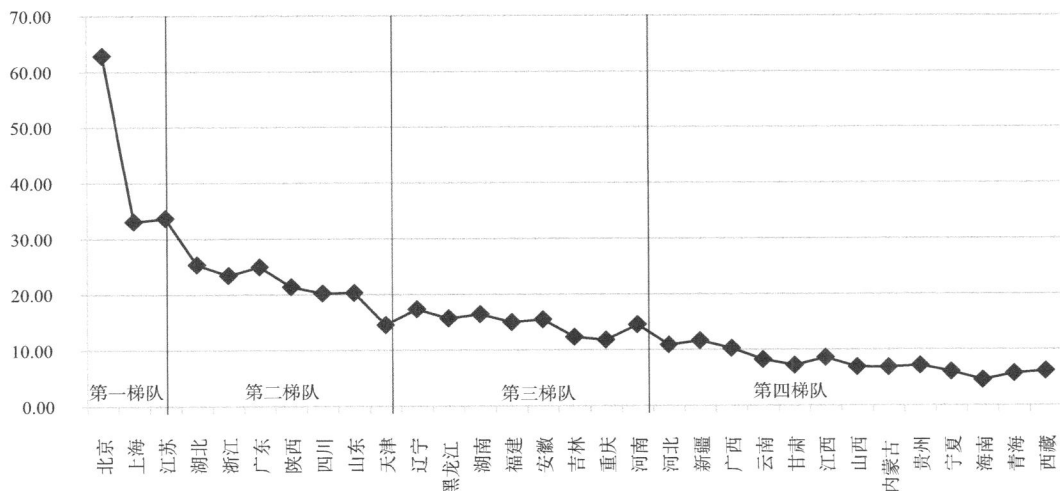

图5-5　31个省（市、自治区）高等教育质量竞争力指数趋势图

育质量得分在14.475～25.300之间。其中湖北质量最优，全国排名第4；其余依次为广东、浙江、陕西、山东、四川、天津，排名分别为5、6、7、8、9、16。第二梯队高等教育质量竞争力平均指数为21.406，约为全国平均指数的1.3倍。

在竞争力第三梯队中：辽宁、黑龙江、湖南、福建、安徽、吉林、重庆、河南8个地区高等教育质量得分在11.760～16.618之间。其中辽宁质量较优，全国排名第10；其余依次为湖南、黑龙江、安徽、福建、河南、吉林、重庆，排名分别为11、12、13、14、15、17、18。第三梯队高等教育质量竞争力平均指数为14.698，略低于全国平均指数。

在竞争力第四梯队中：河北、新疆、广西、云南、甘肃、江西、山西、内蒙古、贵州、宁夏、海南、青海、西藏13个地区的高等教育质量得分在4.502～11.581之间。其中新疆高等教育质量尚可，排名第19位，其余均靠后。第四梯队高等教育质量竞争力平均指数为7.648，约为全国平均指数的1/2。

5.2.4　效率竞争力

按照高等教育效率竞争力指标得分由高到低排序，从表5-2可以看出，各省（市、自治区）效率竞争力由高到低依次为：1.上海，2.北京，3.江苏，4.浙江，5.湖北，6.陕西，7.天津，8.黑龙江，9.吉林，10.辽宁，11.广东，12.湖南，13.重庆，14.福建，15.四川，16.安徽，17.甘肃，18.山东，19.云南，20.山西，21.河南，22.新疆，23.广西，24.河北，25.江西，26.内蒙古，27.青海，28.海南，29.宁夏，30.贵州，31.西藏。全国高等教育效率竞争力平均指数为5.147。

从单一地区来看，当前我国高等教育效率竞争力地区间差距依然较大。主要表现为：

一是高等教育效率竞争力超强的地区有上海和北京；二是高等教育效率竞争力得分超过该项总得分45%以上的地区总体偏少，仅有9个；三是10个地区得分小于2，得分率不足该项一级指标总分值的15%，且这些地区主要分布在我国的西部地区。

全国31个省（市、自治区）高等教育效率竞争力依据综合竞争力梯队划分，从图5-6可以看出各梯队内具体情况如下。

在竞争力第一梯队中：上海高等教育效率竞争力得分为15，全国排名第1，高等教育效率最高；其次为北京和江苏全国排名第2和第3。第一梯队内江苏高等教育效率竞争力与上海有一定差距。第一梯队高等教育效率竞争力平均指数为12.727，约为全国平均指数的2.5倍。

在竞争力第二梯队中：湖北、浙江、广东、陕西、四川、山东、天津7个地区高等教育效率竞争力得分在3.765~8.740之间。其中浙江效率最优，全国排名第4；其余依次为湖北、陕西、天津、广东、四川、山东，排名分别为5、6、7、11、15、18。第二梯队高等教育效率竞争力平均指数为7.214，约为全国平均指数的1.5倍。

在竞争力第三梯队中：辽宁、黑龙江、湖南、福建、安徽、吉林、重庆、河南8个地区高等教育效率竞争力得分在2.067~7.280之间。其中黑龙江效率最优，全国排名第8；其余依次为吉林、辽宁、湖南、重庆、福建、安徽、河南，排名分别为9、10、12、13、14、16、21。第三梯队高等教育效率竞争力平均指数为5.876，略高于全国平均指数。

在竞争力第四梯队中：河北、新疆、广西、云南、甘肃、江西、山西、内蒙古、贵州、宁夏、海南、青海、西藏13个地区的高等教育效率得分在0.213~4.085之间。其中甘肃效率最优，全国排名第17，其余地区的效率竞争力均欠佳。第四梯队高等教育效率竞争力平均指数为1.836，全国平均指数约为第四梯队的2.8倍。

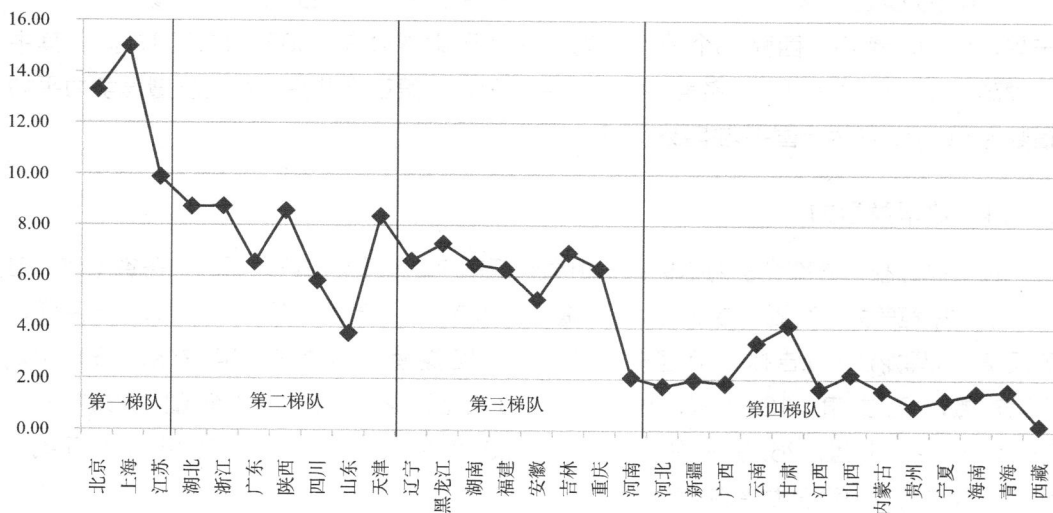

图5-6　31个省（市、自治区）高等教育效率竞争力指数趋势图

5.3　二级指标竞争力评价

本书中，二级指标共有10项。其中一级指标规模包含的二级指标有绝对规模和相对规模两项；一级指标结构包含的二级指标有学校结构和学生结构；一级指标质量包含的二级指标有师资队伍与资源、人才培养、科学研究、社会服务与声誉；一级指标效率包含的二级指标有投入产出和师均产出。

5.3.1　规模二级指标竞争力

高等教育规模一级指标包含有绝对规模和相对规模两项二级指标，具体得分及排名见表5-3。

31个省（市、自治区）高等教育规模二级指标竞争力指数值　　表5-3

绝对规模			相对规模		
区域	得分	排名	区域	得分	排名
江苏	4.571	1	天津	4.000	1
山东	4.236	2	北京	2.795	2
广东	3.978	3	陕西	2.616	3
北京	3.901	4	重庆	1.989	4
河南	3.459	5	湖北	1.962	5
湖北	3.438	6	吉林	1.744	6
浙江	2.957	7	辽宁	1.737	7
四川	2.953	8	上海	1.634	8
辽宁	2.821	9	江西	1.615	9
湖南	2.780	10	江苏	1.577	10
河北	2.659	11	福建	1.514	11
安徽	2.589	12	海南	1.480	12
上海	2.483	13	山西	1.429	13
陕西	2.394	14	山东	1.309	14
江西	2.229	15	黑龙江	1.220	15
黑龙江	1.997	16	安徽	1.195	16
福建	1.930	17	河南	1.166	17
广西	1.855	18	宁夏	1.093	18
重庆	1.739	19	浙江	1.088	19
云南	1.726	20	湖南	1.055	20
山西	1.665	21	广东	1.031	21
天津	1.585	22	甘肃	1.006	22
吉林	1.500	23	四川	0.958	23

续表

绝对规模			相对规模		
区域	得分	排名	区域	得分	排名
贵州	1.312	24	内蒙古	0.927	24
内蒙古	1.025	25	河北	0.843	25
甘肃	1.014	26	广西	0.830	26
新疆	0.855	27	贵州	0.570	27
海南	0.323	28	新疆	0.511	28
宁夏	0.233	29	云南	0.429	29
青海	0.096	30	西藏	0.161	30
西藏	0.000	31	青海	0.000	31
平均指数	2.139	—	平均指数	1.338	—

1. 绝对规模

从表5-3可以看出，全国31个省（市、自治区）高等教育绝对规模竞争力排名情况全依次是：江苏、山东、广东、北京、河南、湖北、浙江、四川、辽宁、湖南、河北、安徽、上海、陕西、江西、黑龙江、福建、广西、重庆、云南、山西、天津、吉林、贵州、内蒙古、甘肃、新疆、海南、宁夏、青海、西藏。全国高等教育绝对规模竞争力平均指数为2.139。

全国31个省（市、自治区）高等教育规模二级指标竞争力依据综合竞争力梯队划分，从图5-7可以看出四个梯队内具体情况如下。

综合竞争力第一梯队：北京、上海、江苏。绝对规模竞争力方面：江苏高等教育绝对规模竞争力得分为4.571，平均指数为全国排名第1，高等教育绝对规模最大；其次北京

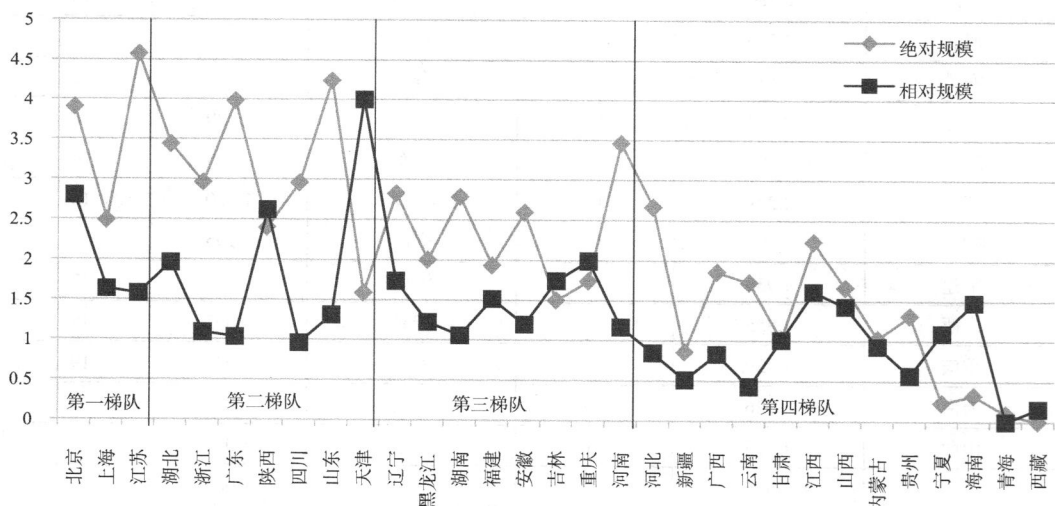

图5-7 31个省（市、自治区）高等教育规模二级指标竞争力指数趋势图

和上海全国排名第4和第13。第一梯队内上海与江苏、北京高等教育绝对规模差距较大。第一梯队绝对规模竞争力平均指数为3.651，远远高于全国平均指数。

综合竞争力第二梯队：湖北、浙江、广东、陕西、四川、山东、天津。绝对规模竞争力方面：以上7个地区高等教育绝对规模竞争力得分在1.585～4.236之间。其中山东绝对规模最大，全国排名第2；其余依次为广东、湖北、浙江、四川、陕西、天津，排名分别为3、6、7、8、14、22。第二梯队绝对规模竞争力平均指数为3.077，也高于全国平均指数。

综合竞争力第三梯队：辽宁、黑龙江、湖南、福建、安徽、吉林、重庆、河南。绝对规模竞争力方面：以上8个地区高等教育绝对规模竞争力得分在1.500～3.459之间。其中河南绝对规模最大，全国排名第5；其余依次为辽宁、湖南、安徽、黑龙江、福建、重庆、吉林，排名分别为9、10、12、16、17、19、23。第三梯队绝对规模竞争力平均指数为2.352，略高于全国平均指数。

综合竞争力第四梯队：河北、新疆、广西、云南、甘肃、江西、山西、内蒙古、贵州、宁夏、海南、青海、西藏。绝对规模竞争力方面：以上13个地区的高等教育效率得分在0.000～2.659之间。其中河北绝对规模最大，全国排名第11；其余依次为江西、广西、云南、山西、贵州、内蒙古、甘肃、新疆、海南、宁夏、青海、西藏，排名依次为15、18、20、21、24、25、26、27、28、29、30、31。第四梯队绝对规模竞争力平均指数为1.153，约为全国平均指数的1/2。

2. 相对规模

从表5-3可以看出，全国31个省（市、自治区）高等教育相对规模竞争力排名情况依次是：天津、北京、陕西、重庆、湖北、吉林、辽宁、上海、江西、江苏、福建、海南、山西、山东、黑龙江、安徽、河南、宁夏、浙江、湖南、广东、甘肃、四川、内蒙古、河北、广西、贵州、新疆、云南、西藏、青海。全国高等教育相对规模竞争力平均指数为1.338。

全国31个省（市、自治区）高等教育规模二级指标竞争力依据综合竞争力梯队划分，从图5-7可以看出四个梯队内具体情况如下。

综合竞争力第一梯队：北京、上海、江苏。相对规模竞争力方面：北京高等教育相对规模竞争力得分2.795，全国排名第2；其次上海和江苏全国排名第8和第10。第一梯队内上海、江苏与北京高等教育相对规模差距较大。第一梯队相对规模竞争力平均指数为2.002，高于全国平均指数。

综合竞争力第二梯队：湖北、浙江、广东、陕西、四川、山东、天津。相对规模竞争力方面：以上7个地区高等教育相对规模竞争力得分为0.958～4.000。其中天津相对规模最大，全国排名第1；其余依次为陕西、湖北、山东、浙江、广东、四川，排名分别为3、5、14、19、21、23。第二梯队相对规模竞争力平均指数为1.852，约为全国平均指数的1.38倍。

综合竞争力第三梯队：辽宁、黑龙江、湖南、福建、安徽、吉林、重庆、河南。相对规模竞争力方面：以上8个地区高等教育相对规模竞争力得分在1.055～1.989之间。

其中重庆相对规模最大，全国排名第4；其余依次为吉林、辽宁、福建、黑龙江、安徽、河南、湖南，排名分别为6、7、11、15、16、17、20。第三梯队相对规模竞争力平均指数为1.453，略高于全国平均指数。

综合竞争力第四梯队：河北、新疆、广西、云南、甘肃、江西、山西、内蒙古、贵州、宁夏、海南、青海、西藏。相对规模竞争力方面：以上13个地区的高等教育相对规模得分在0.000~1.615之间。其中江西相对规模最大，全国排名第9；其余依次为海南、山西、宁夏、甘肃、内蒙古、河北、广西、贵州、新疆、云南、西藏、青海，排名依次为12、13、18、22、24、25、26、27、28、29、30、31。第三梯队相对规模竞争力平均指数为0.838，略低于全国平均指数。

5.3.2　结构二级指标竞争力

高等教育结构一级指标包含有学校结构和学生结构两项二级指标，具体得分及排名见表5-4。31个省（市、自治区）高等教育结构二级指标竞争力指数趋势图如图5-8所示。

31个省（市、自治区）高等教育结构二级指标竞争力指数值　　表5-4

学校结构			学生结构		
区域	得分	排名	区域	得分	排名
北京	6.000	1	北京	4.000	1
上海	3.820	2	上海	2.642	2
江苏	2.907	3	天津	1.073	3
浙江	2.047	4	辽宁	0.989	4
黑龙江	1.476	5	陕西	0.983	5
山东	1.458	6	吉林	0.929	6
湖北	1.371	7	江苏	0.920	7
天津	1.324	8	黑龙江	0.848	8
重庆	1.208	9	湖北	0.847	9
广东	1.206	10	重庆	0.654	10
陕西	1.125	11	浙江	0.621	11
福建	1.124	12	甘肃	0.616	12
辽宁	1.124	13	四川	0.570	13
四川	0.946	14	新疆	0.507	14
云南	0.828	15	湖南	0.501	15
安徽	0.798	16	福建	0.476	16
甘肃	0.665	17	青海	0.459	17
湖南	0.649	18	广东	0.388	18
吉林	0.628	19	云南	0.386	19
广西	0.543	20	安徽	0.332	20

续表

学校结构			学生结构		
区域	得分	排名	区域	得分	排名
河南	0.487	21	西藏	0.306	21
新疆	0.468	22	内蒙古	0.287	22
山西	0.419	23	山东	0.276	23
河北	0.278	24	宁夏	0.246	24
江西	0.265	25	山西	0.240	25
贵州	0.078	26	河北	0.179	26
内蒙古	0.054	27	广西	0.176	27
海南	0.051	28	江西	0.110	28
宁夏	0.017	29	贵州	0.102	29
青海	0.007	30	海南	0.077	30
西藏	0.000	31	河南	0.000	31
平均指数	1.076	—	平均指数	0.669	—

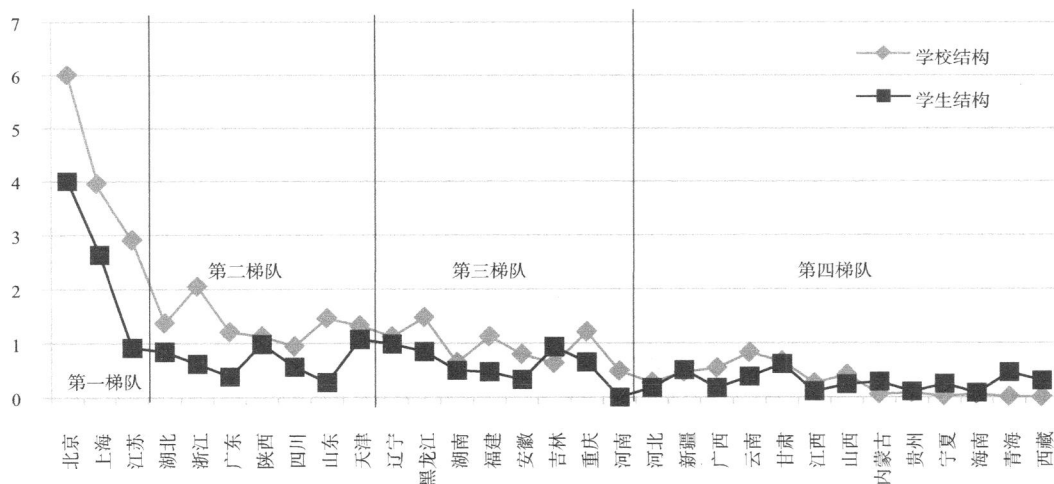

图5-8　31个省（市、自治区）高等教育结构二级指标竞争力指数趋势图

1. 学校结构

从表5-4可以看出，全国31个省（市、自治区）高等教育学校结构竞争力排名情况依次是：北京、上海、江苏、浙江、黑龙江、山东、湖北、天津、重庆、广东、陕西、福建、辽宁、四川、云南、安徽、甘肃、湖南、吉林、广西、河南、新疆、山西、河北、江西、贵州、内蒙古、海南、宁夏、青海、西藏。全国高等教育学校结构竞争力平均指数为1.076。

综合竞争力第一梯队：北京、上海、江苏。学校结构竞争力方面：北京高等教育学校结构竞争力得分为6.000，全国排名第1，高等教育学校结构最优最大，其次上海和江苏全国排名第2和第3。第一梯队学校结构竞争力平均指数为4.242，约是全国平均指数的4倍。

综合竞争力第二梯队：湖北、浙江、广东、陕西、四川、山东、天津。学校结构竞争力方面：以上7个地区高等教育学校结构竞争力得分在0.946～2.047之间。其中浙江学校结构最优，全国排名第4；其余依次为山东、湖北、广东、陕西、四川、天津，排名分别为6、7、8、10、11、14。第二梯队学校结构竞争力平均指数为1.354，略高于全国平均指数。

综合竞争力第三梯队：辽宁、黑龙江、湖南、福建、安徽、吉林、重庆、河南。学校结构竞争力方面：以上8个地区高等教育学校结构竞争力得分在0.487～1.476。其中黑龙江学校结构最优，全国排名第5；其余依次为重庆、福建、安徽、湖南、吉林、河南，排名分别为9、12、16、18、19、21。第三梯队学校结构竞争力平均指数为0.937，低于全国平均指数。

综合竞争力第四梯队：河北、新疆、广西、云南、甘肃、江西、山西、内蒙古、贵州、宁夏、海南、青海、西藏。学校结构竞争力方面：以上13个地区的高等学校结构竞争力得分在0.000～0.828之间。其中云南学校结构最优，全国排名第15；其余依次为甘肃、广西、新疆、山西、河北、江西、贵州、内蒙古、海南、宁夏、青海、西藏，排名依次为17、20、22、23、24、25、26、27、28、29、30、31。第四梯队学校结构竞争力平均指数为0.283，远低于全国平均指数。

2. 学生结构

全国31个省（市、自治区）高等教育学生结构竞争力排名情况依次是：北京、上海、天津、辽宁、陕西、吉林、江苏、黑龙江、湖北、重庆、浙江、甘肃、四川、新疆、湖南、福建、青海、广东、云南、安徽、西藏、内蒙古、山东、宁夏、山西、河北、广西、江西、贵州、海南、河南。全国高等教育学生结构竞争力平均指数为0.669。

全国31个省（市、自治区）高等教育结构二级指标竞争力依据综合竞争力梯队划分，从图5-8可以看出四个梯队内具体情况如下。

综合竞争力第一梯队：北京、上海、江苏。学生结构竞争力方面：北京高等教育学生结构竞争力得分4.000，全国排名第1，上海和江苏全国排名第2和第7。第一梯队内江苏与北京、上海高等教育学生结构差距较大。第一梯队学生结构竞争力平均指数为2.521，约为全国平均指数的3.8倍。

综合竞争力第二梯队：湖北、浙江、广东、陕西、四川、山东、天津。学生结构竞争力方面：以上7个地区高等教育学生结构竞争力得分在0.276～1.073之间。其中天津学生结构最优，全国排名第3；其余依次为陕西、湖北、浙江、四川、广东、山东，排名分别为5、9、11、13、18、23。第二梯队学生结构竞争力平均指数为0.680，略高于全国平均指数。

综合竞争力第三梯队：辽宁、黑龙江、湖南、福建、安徽、吉林、重庆、河南。学生结构竞争力方面：以上8个地区高等教育学生结构竞争力得分在0.000～0.989。其中辽宁学生结构最优，全国排名第4；其余依次为吉林、黑龙江、重庆、湖南、福建、安徽、河南，排名分别为6、8、10、15、16、20、31。第三梯队学生结构竞争力平均指数为0.591，略低于全国平均指数。

综合竞争力第四梯队：河北、新疆、广西、云南、甘肃、江西、山西、内蒙古、贵州、宁夏、海南、青海、西藏。学生结构竞争力方面：以上13个地区的高等教育学生结构得分在0.077~0.616之间。其中甘肃学生结构最优，全国排名第12；其余依次为新疆、青海、云南、西藏、内蒙古、宁夏、山西、河北、广西、江西、贵州、海南，排名依次为14、17、19、21、22、24、25、26、27、28、29、30。第四梯队学生结构竞争力平均指数为0.284，仅为全国平均指数的42%。

5.3.3 质量二级指标竞争力

高等教育质量一级指标包含师资队伍与资源、人才培养、科学研究、社会服务与声誉四项二级指标，具体得分及排名见表5-5、表5-6。

31个省（市、自治区）高等教育质量二级指标竞争力指数值　　　　表5-5

师资队伍与资源			人才培养		
区域	得分	排名	区域	得分	排名
北京	9.382	1	北京	25.000	1
江苏	6.328	2	江苏	13.041	2
上海	5.973	3	上海	12.020	3
湖北	5.145	4	湖北	11.633	4
山东	5.000	5	陕西	9.684	5
浙江	4.752	6	广东	9.337	6
辽宁	4.257	7	山东	9.264	7
陕西	4.254	8	浙江	9.036	8
四川	4.208	9	四川	8.985	9
河南	4.100	10	湖南	7.648	10
广东	3.929	11	辽宁	6.590	11
天津	3.768	12	安徽	6.582	12
黑龙江	3.624	13	黑龙江	5.475	13
吉林	3.516	14	河南	5.403	14
河北	3.326	15	福建	4.846	15
福建	3.236	16	天津	4.645	16
重庆	3.175	17	吉林	3.942	17
湖南	2.837	18	重庆	3.263	18
广西	2.748	19	河北	3.029	19

师资队伍与资源			人才培养		
区域	得分	排名	区域	得分	排名
江西	2.573	20	广西	2.132	20
安徽	2.363	21	云南	2.109	21
贵州	2.362	22	新疆	1.720	22
新疆	2.143	23	江西	1.614	23
甘肃	1.963	24	内蒙古	1.242	24
宁夏	1.934	25	甘肃	1.093	25
青海	1.735	26	山西	1.006	26
内蒙古	1.692	27	贵州	0.715	27
西藏	1.670	28	西藏	0.672	28
云南	1.633	29	海南	0.304	29
山西	1.610	30	宁夏	0.253	30
海南	0.341	31	青海	0.103	31
平均指数	3.413	—	平均指数	5.567	—

31个省（市、自治区）高等教育质量二级指标竞争力指数值　　　表5-6

科学研究			社会服务与声誉		
区域	得分	排名	区域	得分	排名
北京	15.000	1	北京	13.478	1
上海	7.812	2	江苏	8.809	2
江苏	5.491	3	新疆	7.532	3
广东	4.248	4	广东	7.403	4
浙江	4.003	5	上海	7.288	5
湖北	2.773	6	福建	5.756	6
陕西	2.412	7	湖北	5.748	7
黑龙江	2.165	8	浙江	5.596	8
安徽	2.123	9	四川	5.035	9
四川	1.957	10	陕西	4.974	10
天津	1.618	11	广西	4.939	11
山东	1.524	12	湖南	4.625	12
辽宁	1.289	13	辽宁	4.482	13
湖南	1.279	14	山东	4.464	14
福建	1.127	15	天津	4.443	15
重庆	1.086	16	黑龙江	4.402	16

科学研究			社会服务与声誉		
区域	得分	排名	区域	得分	排名
吉林	0.809	17	安徽	4.354	17
河南	0.735	18	河南	4.252	18
河北	0.557	19	重庆	4.237	19
云南	0.520	20	吉林	4.001	20
江西	0.372	21	江西	3.965	21
广西	0.371	22	河北	3.928	22
山西	0.363	23	云南	3.913	23
甘肃	0.262	24	贵州	3.892	24
新疆	0.186	25	山西	3.861	25
贵州	0.121	26	甘肃	3.831	26
内蒙古	0.090	27	海南	3.782	27
青海	0.075	28	内蒙古	3.775	28
海南	0.075	29	宁夏	3.759	29
宁夏	0.032	30	青海	3.752	30
西藏	0.000	31	西藏	3.750	31
平均指数	1.956	—	平均指数	5.101	—

1. 师资队伍与资源

全国31个省（市、自治区）高等教育质量二级指标竞争力依据综合竞争力梯队划分，从图5-9可以看出四个梯队内具体情况如下。

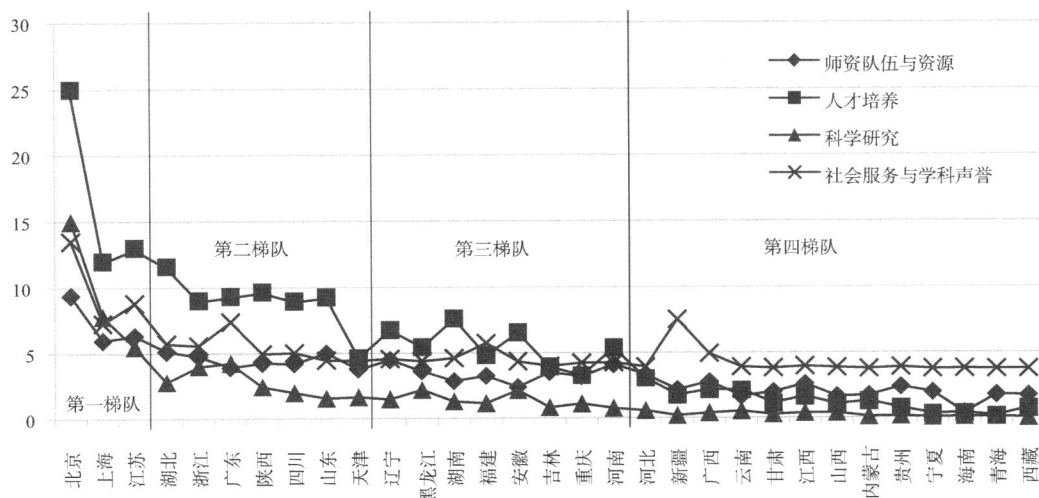

图5-9　31个省（市、自治区）高等教育质量二级指标竞争力指数趋势图

从表5-5可以看出，全国31个省（市、自治区）高等教育质量中师资队伍与资源竞争力排名情况依次是：北京、江苏、上海、湖北、山东、浙江、辽宁、陕西、四川、河南、广东、天津、黑龙江、吉林、河北、福建、重庆、湖南、广西、江西、安徽、贵州、新疆、甘肃、宁夏、青海、内蒙古、西藏、云南、山西、海南。全国高等教育质量中师资队伍与资源竞争力平均指数为3.413。

综合竞争力第一梯队：北京、上海、江苏。师资队伍与资源竞争力方面：北京高等教育师资队伍与资源竞争力得分为9.382，全国排名第1，高等教育师资队伍与资源最优，其次江苏和上海全国排名第2和第3。第一梯队师资队伍与资源竞争力平均指数为7.228，约为全国平均指数的2.1倍。

综合竞争力第二梯队：湖北、浙江、广东、陕西、四川、山东、天津。师资队伍与资源竞争力方面：以上7个地区高等教育师资队伍与资源竞争力得分在3.929～5.145之间。其中湖北师资队伍与资源最优，全国排名第4；其余依次为山东、浙江、陕西、四川、广东、天津，排名分别为5、6、8、9、11、12。第二梯队师资队伍与资源竞争力平均指数为4.437，约为全国平均指数的1.3倍。

综合竞争力第三梯队：辽宁、黑龙江、湖南、福建、安徽、吉林、重庆、河南。师资队伍与资源竞争力方面：以上8个地区高等教育师资队伍与资源竞争力得分在2.363～4.257之间。其中辽宁师资队伍与资源最优，全国排名第7；其余依次为河南、黑龙江、吉林、福建、重庆、湖南、安徽，排名分别为10、13、14、16、17、18、21。第三梯队师资队伍与资源竞争力平均指数为3.389，略低于全国平均指数。

综合竞争力第四梯队：河北、新疆、广西、云南、甘肃、江西、山西、内蒙古、贵州、宁夏、海南、青海、西藏。师资队伍与资源竞争力方面：以上13个地区的高等教育师资队伍与资源竞争力得分在0.341～3.326之间。其中河北师资队伍与资源最优，全国排名第15；其余依次为广西、江西、贵州、新疆、甘肃、宁夏、青海、内蒙古、西藏、云南、山西、海南，排名依次为15、19、20、22、23、24、25、26、27、28、29、30、31。第四梯队师资队伍与资源竞争力平均指数为1.979，远低于全国平均指数。

2. 人才培养

从表5-5可以看出，全国31个省（市、自治区）高等教育质量中人才培养竞争力排名情况依次是：北京、上海、江苏、广东、浙江、湖北、陕西、黑龙江、安徽、四川、天津、山东、辽宁、湖南、福建、重庆、吉林、河南、河北、云南、江西、广西、山西、甘肃、新疆、贵州、内蒙古、青海、海南、宁夏、西藏。高等教育质量中人才培养竞争力平均指数为5.561。

综合竞争力第一梯队：北京、上海、江苏。人才培养方面：北京高等教育人才培养竞争力得分25.000，全国排名第1；江苏和上海全国排名第2和第3。第一梯队人才培养竞争力平均指数为16.687，约为全国平均指数的3倍。

综合竞争力第二梯队：湖北、浙江、广东、陕西、四川、山东、天津。人才培养方面：以上7个地区高等教育人才培养竞争力得分在4.645～11.633之间。其中湖北人才培养最优，全国排名第4；其余依次为陕西、广东、山东、浙江、四川、天津，排名分别为5、6、7、8、9、16。第二梯队人才培养竞争力平均指数为8.941，略低于全国平均指数。

综合竞争力第三梯队：辽宁、黑龙江、湖南、福建、安徽、吉林、重庆、河南。人才培养竞争力方面：以上8个地区高等教育人才培养竞争力得分在3.263~7.648之间。其中湖南人才培养最优，全国排名第10；其余依次为辽宁、安徽、黑龙江、河南、福建、吉林、重庆，排名分别为11、12、13、14、15、17、18。第三梯队人才培养竞争力平均指数为5.469，略低于全国平均指数。

综合竞争力第四梯队：河北、新疆、广西、云南、甘肃、江西、山西、内蒙古、贵州、宁夏、海南、青海、西藏。人才培养竞争力方面：以上13个地区的高等教育人才培养得分在0.103~3.029之间。其中河北人才培养最优，全国排名第19；其余依次为广西、云南、新疆、江西、内蒙古、甘肃、山西、贵州、西藏、海南、宁夏、青海，排名依次为19、20、21、22、23、24、25、26、27、28、29、30、31。第四梯队人才培养竞争力平均指数为1.230，远远低于全国平均指数。

3. 科学研究

从表5-6可以看出，全国31个省（市、自治区）高等教育质量中科学研究竞争力排名情况依次是：北京、上海、江苏、广东、浙江、湖北、陕西、黑龙江、安徽、四川、天津、山东、辽宁、湖南、福建、重庆、吉林、河南、河北、云南、广西、江西、山西、甘肃、新疆、贵州、内蒙古、青海、海南、宁夏、西藏。全国高等教育质量中科学研究竞争力平均指数为1.951。

综合竞争力第一梯队：北京、上海、江苏。科学研究方面：北京高等教育科学研究竞争力得分15.000，全国排名第1，上海和江苏排名第2和第3。第一梯队内上海科学研究得分约为北京的一半，江苏约为北京的三分之一，二者与北京存在很大差距；3个地区科学研究竞争力与综合竞争力排名完全一致。第一梯队科学研究竞争力平均指数为9.434，约为全国平均指数的4.8倍。

综合竞争力第二梯队：湖北、浙江、广东、陕西、四川、山东、天津。科学研究方面：以上7个地区高等教育科学研究竞争力得分在1.524~4.248之间。其中广东科学研究最优，全国排名第4；其余依次为浙江、湖北、陕西、四川、天津、山东，排名分别为5、6、7、10、11、12。第二梯队科学研究竞争力平均指数为2.648，约为全国平均指数的1.4倍。

综合竞争力第三梯队：辽宁、黑龙江、湖南、福建、安徽、吉林、重庆、河南。科学研究竞争力方面：以上8个地区高等教育科学研究竞争力得分在0.735~2.165之间。其中黑龙江科学研究最优，全国排名第8；其余依次为安徽、辽宁、湖南、福建、重庆、吉林、河南，排名分别为9、13、14、15、16、17、18。第三梯队科学研究竞争力平均指数为1.327，略低于全国平均指数。

综合竞争力第四梯队：河北、新疆、广西、云南、甘肃、江西、山西、内蒙古、贵州、宁夏、海南、青海、西藏。科学研究竞争力方面：以上13个地区的高等教育科学研究竞争力得分在0.000~0.557之间。其中河北科学研究最优，全国排名第19；其余依次为云南、江西、广西、山西、甘肃、新疆、贵州、内蒙古、青海、海南、宁夏、西藏，排名依次为20、21、22、23、24、25、26、27、28、29、30、31。第四梯队科学研究竞争力平均指数为0.233，仅约为全国平均指数1/8。

4. 社会服务与声誉

从表5-6可以看出，全国31个省（市、自治区）高等教育质量中竞争力排名情况依次是：北京、江苏、新疆、广东、上海、福建、湖北、浙江、四川、陕西、广西、湖南、辽宁、山东、天津、黑龙江、安徽、河南、重庆、吉林、江西、河北、云南、贵州、山西、甘肃、海南、内蒙古、宁夏、青海、西藏。全国高等教育质量中社会服务与声誉竞争力平均指数为5.098。

综合竞争力第一梯队：北京、上海、江苏。社会服务与声誉方面：北京高等教育社会服务与声誉竞争力得分13.478，全国排名第1，江苏和上海全国排名第2和第5。第一梯队社会服务与声誉竞争力平均指数为9.858，是全国平均指数的1.9倍。

综合竞争力第二梯队：湖北、浙江、广东、陕西、四川、山东、天津。社会服务与声誉方面：以上7个地区高等教育社会服务与声誉竞争力得分在4.443~7.403之间。其中广东社会服务与声誉最优，全国排名第4；其余依次为四川、湖北、浙江、陕西、山东、天津，排名分别为7、8、9、10、14、15。第二梯队社会服务与声誉竞争力平均指数为5.380，略高于全国平均指数。

综合竞争力第三梯队：辽宁、黑龙江、湖南、福建、安徽、吉林、重庆、河南。社会服务与声誉竞争力方面：以上8个地区高等教育社会服务与声誉竞争力得分在4.001~5.756之间。其中福建社会服务与声誉最优，全国排名第6；其余依次为湖南、辽宁、黑龙江、安徽、河南、重庆、吉林，排名分别为12、13、16、17、18、19、20。第三梯队社会服务与声誉竞争力平均指数为4.514，约为全国平均指数的0.9倍左右。

综合竞争力第四梯队：河北、新疆、广西、云南、甘肃、江西、山西、内蒙古、贵州、宁夏、海南、青海、西藏。社会服务与声誉竞争力方面：以上13个地区的高等教育社会服务与声誉得分在3.750~7.532之间。其中新疆社会服务与声誉最优，全国排名第3；其余依次为广西、江西、河北、云南、贵州、山西、甘肃、海南、内蒙古、宁夏、青海、西藏，排名依次为11、21、22、23、24、25、26、27、28、29、30、31。第四梯队社会服务与声誉竞争力平均指数为4.206，约为全国平均指数的4/5。

5.3.4 效率二级指标竞争力

1. 投入产出

从表5-7可以看出全国31个省（市、自治区）高等教育效率中投入产出竞争力排名情况依次是：上海、北京、江苏、湖北、浙江、陕西、黑龙江、天津、福建、湖南、吉林、辽宁、重庆、四川、广东、安徽、甘肃、山东、云南、山西、河南、江西、河北、广西、新疆、内蒙古、海南、青海、贵州、宁夏、西藏。全国高等教育效率中投入产出竞争力平均指数为3.432。

31个省（市、自治区）高等教育效率二级指标竞争力指数值 表5-7

投入产出			师均产出		
区域	得分	排名	区域	得分	排名
上海	8.000	1	上海	7.000	1
北京	7.596	2	北京	5.697	2
江苏	6.684	3	江苏	3.203	3
湖北	6.398	4	天津	3.017	4
浙江	6.221	5	广东	2.664	5
陕西	6.072	6	浙江	2.519	6
黑龙江	5.428	7	陕西	2.488	7
天津	5.332	8	湖北	2.324	8
福建	5.094	9	辽宁	2.112	9
湖南	5.009	10	重庆	1.964	10
吉林	4.960	11	吉林	1.953	11
辽宁	4.492	12	黑龙江	1.852	12
重庆	4.340	13	四川	1.758	13
四川	4.063	14	安徽	1.554	14
广东	3.875	15	湖南	1.460	15
安徽	3.539	16	福建	1.179	16
甘肃	3.002	17	云南	1.111	17
山东	2.971	18	青海	1.089	18
云南	2.292	19	甘肃	1.083	19
山西	1.884	20	宁夏	1.009	20
河南	1.606	21	新疆	0.916	21
江西	1.333	22	山东	0.794	22
河北	1.206	23	海南	0.701	23
广西	1.151	24	广西	0.692	24
新疆	1.048	25	内蒙古	0.685	25
内蒙古	0.884	26	河北	0.526	26
海南	0.778	27	贵州	0.511	27
青海	0.466	28	河南	0.461	28
贵州	0.444	29	山西	0.315	29
宁夏	0.223	30	江西	0.308	30
西藏	0.000	31	西藏	0.213	31
平均指数	3.432	—	平均指数	1.715	—

全国31个省（市、自治区）高等教育结构二级指标竞争力依据综合竞争力梯队划分，从图5-10可以看出四个梯队内具体情况如下。

综合竞争力第一梯队：北京、上海、江苏。投入产出竞争力方面：上海高等教育投入产出竞争力得分为8.000，全国排名第1，高等教育投入产出最优，其次北京和江苏全国排名第2和第3。第一梯队投入产出竞争力平均指数为7.427，约为全国平均指数的2.16倍。

综合竞争力第二梯队：湖北、浙江、广东、陕西、四川、山东、天津。投入产出竞争力方面：以上7个地区高等教育投入产出竞争力得分在2.971～6.398之间。其中湖北投入产出最优，全国排名第4；其余依次为浙江、陕西、天津、四川、广东、山东，排名分别为5、6、8、14、15、18。第二梯队投入产出竞争力平均指数为4.990，约为全国平均指数的1.5倍。

综合竞争力第三梯队：辽宁、黑龙江、湖南、福建、安徽、吉林、重庆、河南。投入产出竞争力方面：以上8个地区高等教育投入产出竞争力得分在1.606～5.428之间。其中黑龙江投入产出最优，全国排名第7；其余依次为福建、湖南、吉林、辽宁、重庆、安徽、河南，排名分别为9、10、11、12、13、16、21。第三梯队投入产出竞争力平均指数为4.309，约为全国平均指数的1.26倍。

综合竞争力第四梯队：河北、新疆、广西、云南、甘肃、江西、山西、内蒙古、贵州、宁夏、海南、青海、西藏。投入产出竞争力方面：以上13个地区的高等投入产出竞争力得分在0.000～3.002之间。其中甘肃投入产出最优，全国排名第17；其余依次为云南、山西、江西、河北、广西、新疆、内蒙古、海南、青海、贵州、宁夏、西藏，排名依次为19、20、22、23、24、25、26、27、28、29、30、31。第四梯队投入产出竞争力平均指数为1.132，约为全国平均指数的3/10。

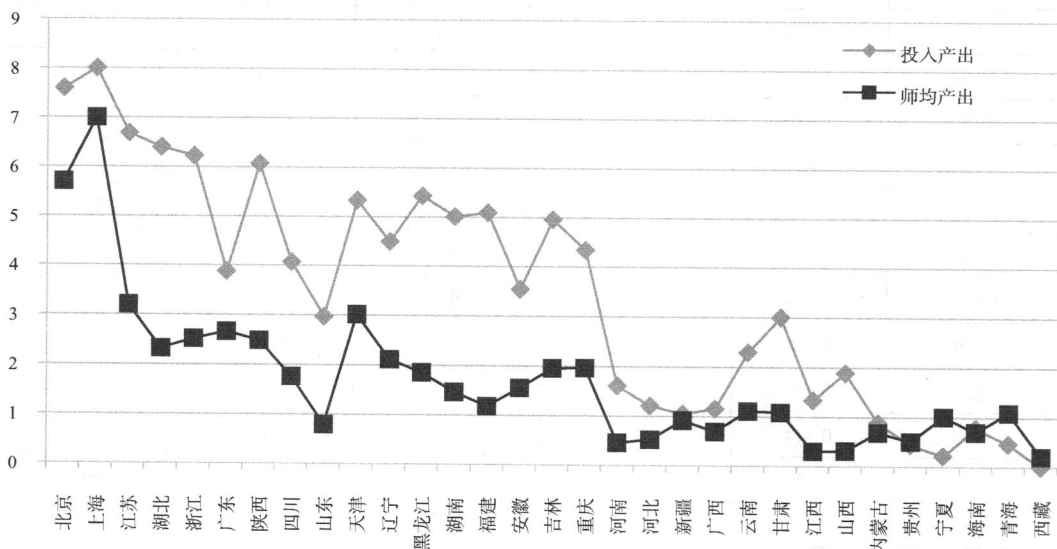

图5-10 31个省（市、自治区）高等教育效率二级指标竞争力指数图

2. 师均产出

从表5-7可以看出全国31个省（市、自治区）高等教育效率中师均产出竞争力排名情况依次是：上海、北京、江苏、天津、广东、浙江、陕西、湖北、辽宁、重庆、吉林、黑龙江、四川、安徽、湖南、福建、云南、青海、甘肃、宁夏、新疆、山东、海南、广西、内蒙古、河北、贵州、河南、山西、江西、西藏。全国高等教育效率中师均产出竞争力平均指数为1.715。

综合竞争力第一梯队：北京、上海、江苏。师均产出竞争力方面：上海高等教育师均产出竞争力得分7.000，全国排名第1，北京和江苏全国排名第2和第3。第一梯队师均产出竞争力指数为5.300，约为全国平均指数的3.09倍。

综合竞争力第二梯队：湖北、浙江、广东、陕西、四川、山东、天津。师均产出竞争力方面：以上7个地区高等教育师均产出竞争力得分在0.794~3.017之间。其中天津师均产出最优，全国排名第4；其余依次为广东、浙江、陕西、湖北、四川、山东，排名分别为5、6、7、8、13、22。第二梯队师均产出竞争力指数为2.223，约为全国平均指数的1.3倍。

综合竞争力第三梯队：辽宁、黑龙江、湖南、福建、安徽、吉林、重庆、河南。师均产出竞争力方面：以上8个地区高等教育学生结构竞争力得分在0.461~2.112之间。其中辽宁师均产出最优，全国排名第9；其余依次为重庆、吉林、黑龙江、安徽、湖南、福建、河南，排名分别为10、11、12、14、15、16、28。第三梯队师均产出竞争力指数为1.567，略低于全国平均指数。

综合竞争力第四梯队：河北、新疆、广西、云南、甘肃、江西、山西、内蒙古、贵州、宁夏、海南、青海、西藏。师均产出竞争力方面：以上13个地区的高等教育师均产出得分在0.213~1.111之间。其中云南师均产出最优，全国排名第17；其余依次为新疆、青海、云南、西藏、内蒙古、宁夏、山西、河北、广西、江西、贵州、海南排名依次为18、19、20、21、23、24、25、26、27、29、30、31。第四梯队师均产出竞争力指数为0.705，仅约为全国平均指数0.4。

5.4 竞争力分省评价

全国31个省（市、自治区）高等教育竞争力，我们通过一个省际一张图、一张表的形式，来直观展现（见图5-11~图5-41，表5-8~表5-38，顺序以地理位置为据）。

宏观角度反映31个省（市、自治区）的高等教育质量，分别是高等教育规模、高等教育结构、高等教育质量和高等教育效率4项一级指标。微观角度反映31个省（市、自治区）的高等教育质量，分别为10项二级指标和29项三级指标。

◆北京

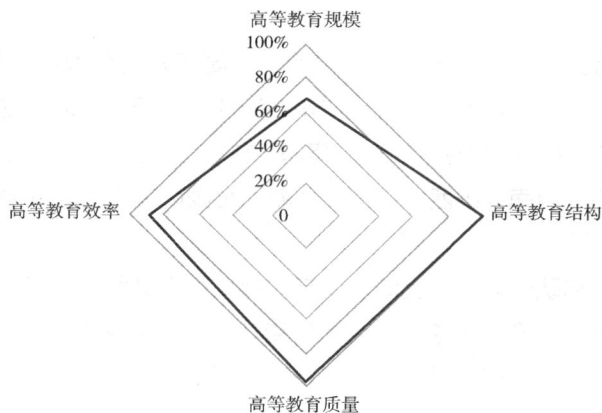

图5-11　北京市高等教育竞争力分维度表现

北京市高等教育竞争力指标指数值及排名　　　　　　　　　表5-8

名称	指数值	排名
评分综合得分	92.848	1
1　规模	6.696	1
1.1　绝对规模	3.901	4
普通高等学校数	1.057	14
普通高等学校在校生数	0.844	14
普通高等学校外国留学生毕业生数	2.000	1
1.2　相对规模	2.795	2
每十万人口普通高等学校毕业本科生数	2.795	2
2　结构	10.000	1
2.1　学校结构	6.000	1
入选国家"一流学科"大学数占普通本科高校数的比例	3.000	1
一流学科数占一级学科博士点数的比例	3.000	1
2.2　学生结构	4.000	1
普通高等学校毕业研究生数占毕业生数的比例	4.000	1
3　质量	62.860	1
3.1　师资队伍与资源	9.382	1
普通高等学校专任教师数	1.048	8
生师比	1.667	1
普通高等学校博士学历教师占普通高等学校专任教师比	1.667	1
学术水平与师德师风代表	1.667	1
国家级科研平台	1.667	1
国家级教学平台与机构	1.667	1

续表

名称	指数值	排名
3.2　人才培养	25.000	1
毕业生质量	4.167	1
专业建设	4.167	1
学科评价	4.167	1
创新人才培养	4.167	1
德育教育	4.167	1
教学改革	4.167	1
3.3　科学研究	15.000	1
科技奖励	5.000	1
科研论文	5.000	1
高等学校科技经费	5.000	1
3.4　社会服务与声誉	13.478	1
服务国家战略	3.750	1
成果转化	3.750	1
普通高等学校社会捐赠收入	2.228	2
学术道德声誉	3.750	1
4　效率	13.293	2
4.1　投入产出	7.596	2
总产出与总投入之比	7.596	2
4.2　师均产出	5.697	2
师均科研经费	3.294	2
师均科研论文	2.403	2

◆天津

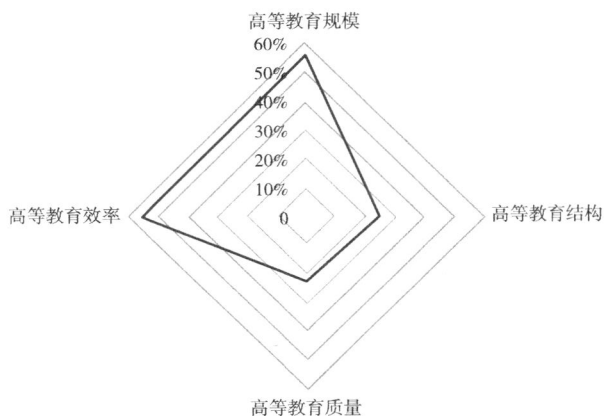

图5-12　天津市高等教育竞争力分维度表现

天津市高等教育竞争力指标指数值及排名   表5-9

名称	指数值	排名
评分综合得分	30.806	10
1　规模	5.585	3
1.1　绝对规模	1.585	22
普通高等学校数	0.604	24
普通高等学校在校生数	0.539	24
普通高等学校外国留学生毕业生数	0.443	7
1.2　相对规模	4.000	1
每十万人口普通高等学校毕业本科生数	4.000	1
2　结构	2.397	5
2.1　学校结构	1.324	8
入选国家"一流学科"大学数占普通本科高校数的比例	0.660	13
一流学科学科数占一级学科博士点数的比例	0.664	7
2.2　学生结构	1.073	3
普通高等学校毕业研究生数占毕业生数的比例	1.073	3
3　质量	14.475	16
3.1　师资队伍与资源	3.768	12
普通高等学校专任教师数	0.435	24
生师比	1.667	1
普通高等学校博士学历教师占普通高等学校专任教师比	0.852	3
学术水平与师德师风代表	0.215	12
国家级科研平台	0.152	9
国家级教学平台与机构	0.447	15
3.2　人才培养	4.645	16
毕业生质量	0.705	16
专业建设	0.949	16
学科评价	0.613	11
创新人才培养	0.000	16
德育教育	1.293	12
教学改革	1.085	7
3.3　科学研究	1.618	11
科技奖励	0.151	9
科研论文	0.497	9
高等学校科技经费	0.970	13
3.4　社会服务与声誉	4.443	15
服务国家战略	0.269	9

续表

名称	指数值	排名
成果转化	0.245	16
普通高等学校社会捐赠收入	0.180	13
学术道德声誉	3.750	1
4　效率	8.348	7
4.1　投入产出	5.332	8
总产出与总投入之比	5.332	8
4.2　师均产出	3.017	4
师均科研经费	1.382	3
师均科研论文	1.634	4

◆河北

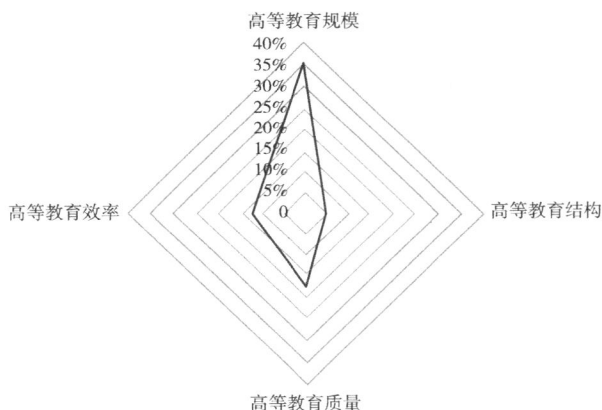

图5-13　河北省高等教育竞争力分维度表现

河北省高等教育竞争力指标指数值及排名　　　　表5-10

名称	指数值	排名
评分综合得分	16.531	19
1　规模	3.501	17
1.1　绝对规模	2.659	11
普通高等学校数	1.421	7
普通高等学校在校生数	1.196	8
普通高等学校外国留学生毕业生数	0.041	25
1.2　相对规模	0.843	25
每十万人口普通高等学校毕业本科生数	0.843	25
2　结构	0.457	25
2.1　学校结构	0.278	24
入选国家"一流学科"大学数占普通本科高校数的比例	0.216	23

名称	指数值	排名
一流学科学科数占一级学科博士点数的比例	0.061	25
2.2　学生结构	0.179	26
普通高等学校毕业研究生数占毕业生数的比例	0.179	26
3　质量	10.841	20
3.1　师资队伍与资源	3.326	15
普通高等学校专任教师数	1.055	7
生师比	1.667	1
普通高等学校博士学历教师占普通高等学校专任教师比	0.180	20
学术水平与师德师风代表	0.067	20
国家级科研平台	0.032	19
国家级教学平台与机构	0.325	20
3.2　人才培养	3.029	19
毕业生质量	0.764	15
专业建设	0.953	15
学科评价	0.171	21
创新人才培养	0.000	16
德育教育	0.745	20
教学改革	0.396	17
3.3　科学研究	0.557	19
科技奖励	0.006	19
科研论文	0.096	21
高等学校科技经费	0.454	19
3.4　社会服务与声誉	3.928	22
服务国家战略	0.001	21
成果转化	0.168	20
普通高等学校社会捐赠收入	0.010	27
学术道德声誉	3.750	1
4　效率	1.731	24
4.1　投入产出	1.206	23
总产出与总投入之比	1.206	23
4.2　师均产出	0.526	26
师均科研经费	0.127	23
师均科研论文	0.398	28

◆山西

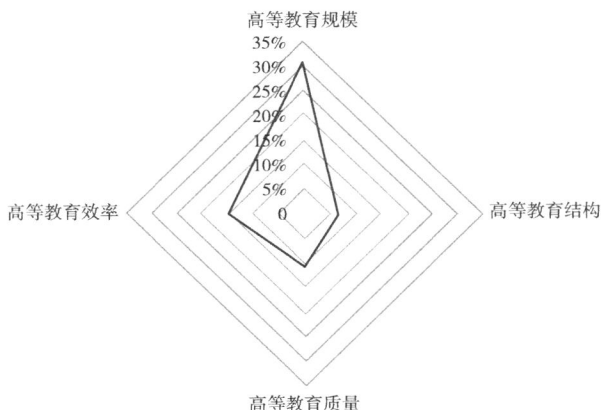

图5-14　山西省高等教育竞争力分维度表现

山西省高等教育竞争力指标指数值及排名　　表5-11

名称	指数值	排名
评分综合得分	12.791	25
1　规模	3.094	21
1.1　绝对规模	1.665	21
普通高等学校数	0.918	17
普通高等学校在校生数	0.734	18
普通高等学校外国留学生毕业生数	0.013	28
1.2　相对规模	1.429	13
每十万人口普通高等学校毕业本科生数	1.429	13
2　结构	0.659	22
2.1　学校结构	0.419	23
入选国家"一流学科"大学数占普通本科高校数的比例	0.400	19
一流学科学科数占一级学科博士点数的比例	0.019	28
2.2　学生结构	0.240	25
普通高等学校毕业研究生数占毕业生数的比例	0.240	25
3　质量	6.840	26
3.1　师资队伍与资源	1.610	30
普通高等学校专任教师数	0.603	18
生师比	0.556	26
普通高等学校博士学历教师占普通高等学校专任教师比	0.132	23
学术水平与师德师风代表	0.043	23
国家级科研平台	0.032	19
国家级教学平台与机构	0.244	23

续表

名称	指数值	排名
3.2　人才培养	1.006	26
毕业生质量	0.200	24
专业建设	0.394	22
学科评价	0.136	23
创新人才培养	0.000	16
德育教育	0.104	26
教学改革	0.172	22
3.3　科学研究	0.363	23
科技奖励	0.003	23
科研论文	0.109	19
高等学校科技经费	0.252	23
3.4　社会服务与声誉	3.861	25
服务国家战略	0.001	21
成果转化	0.102	22
普通高等学校社会捐赠收入	0.008	28
学术道德声誉	3.750	1
4　效率	2.199	20
4.1　投入产出	1.884	20
总产出与总投入之比	1.884	20
4.2　师均产出	0.315	29
师均科研经费	0.120	24
师均科研论文	0.195	30

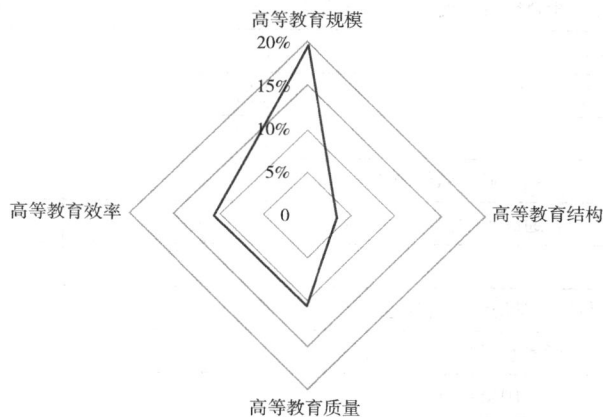

图5-15　内蒙古自治区高等教育竞争力分维度表现

内蒙古自治区高等教育竞争力指标指数值及排名　　　　表5-12

名称	指数值	排名
评分综合得分	10.660	26
1　规模	1.952	25
1.1　绝对规模	1.025	25
普通高等学校数	0.579	25
普通高等学校在校生数	0.410	26
普通高等学校外国留学生毕业生数	0.036	26
1.2　相对规模	0.927	24
每十万人口普通高等学校毕业本科生数	0.927	24
2　结构	0.341	27
2.1　学校结构	0.054	27
入选国家"一流学科"大学数占普通本科高校数的比例	0.000	26
一流学科学科数占一级学科博士点数的比例	0.054	26
2.2　学生结构	0.287	22
普通高等学校毕业研究生数占毕业生数的比例	0.287	22
3　质量	6.798	27
3.1　师资队伍与资源	1.692	27
普通高等学校专任教师数	0.364	26
生师比	1.111	21
普通高等学校博士学历教师占普通高等学校专任教师比	0.106	27
学术水平与师德师风代表	0.013	27
国家级科研平台	0.016	24
国家级教学平台与机构	0.081	26
3.2　人才培养	1.242	24
毕业生质量	0.072	30
专业建设	0.318	25
学科评价	0.078	27
创新人才培养	0.000	16
德育教育	0.653	22
教学改革	0.121	25
3.3　科学研究	0.090	27
科技奖励	0.001	26
科研论文	0.002	29
高等学校科技经费	0.087	26
3.4　社会服务与声誉	3.775	28
服务国家战略	0.000	25

续表

名称	指数值	排名
成果转化	0.009	27
普通高等学校社会捐赠收入	0.016	26
学术道德声誉	3.750	1
4　效率	1.569	26
4.1　投入产出	0.884	26
总产出与总投入之比	0.884	26
4.2　师均产出	0.685	25
师均科研经费	0.002	30
师均科研论文	0.683	20

◆辽宁

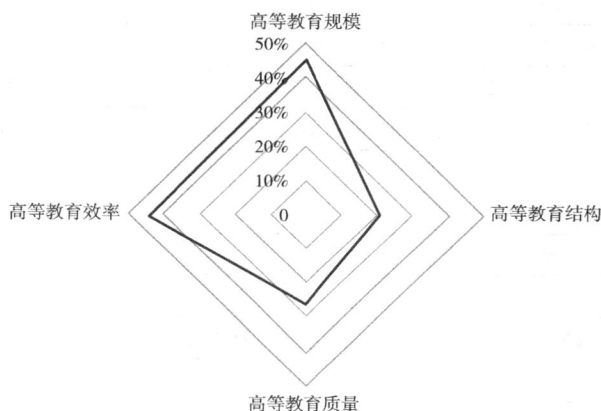

图5-16　辽宁省高等教育竞争力分维度表现

辽宁省高等教育竞争力指标指数值及排名　　表5-13

名称	指数值	排名
评分综合得分	29.893	11
1　规模	4.558	9
1.1　绝对规模	2.821	9
普通高等学校数	1.371	9
普通高等学校在校生数	1.040	11
普通高等学校外国留学生毕业生数	0.410	8
1.2　相对规模	1.737	7
每十万人口普通高等学校毕业本科生数	1.737	7
2　结构	2.112	8
2.1　学校结构	1.124	13
入选国家"一流学科"大学数占普通本科高校数的比例	0.508	17

续表

名称	指数值	排名
一流学科学科数占一级学科博士点数的比例	0.616	8
2.2　学生结构	0.989	4
普通高等学校毕业研究生数占毕业生数的比例	0.989	4
3　质量	16.618	10
3.1　师资队伍与资源	4.257	7
普通高等学校专任教师数	0.740	11
生师比	1.667	1
普通高等学校博士学历教师占普通高等学校专任教师比	0.441	11
学术水平与师德师风代表	0.224	10
国家级科研平台	0.128	13
国家级教学平台与机构	1.057	4
3.2　人才培养	6.590	11
毕业生质量	0.842	13
专业建设	1.295	9
学科评价	0.554	12
创新人才培养	2.392	10
德育教育	0.836	18
教学改革	0.671	12
3.3　科学研究	1.289	13
科技奖励	0.020	14
科研论文	0.125	18
高等学校科技经费	1.144	9
3.4　社会服务与声誉	4.482	13
服务国家战略	0.138	12
成果转化	0.504	10
普通高等学校社会捐赠收入	0.090	19
学术道德声誉	3.750	1
4　效率	6.605	10
4.1　投入产出	4.492	12
总产出与总投入之比	4.492	12
4.2　师均产出	2.112	9
师均科研经费	0.792	10
师均科研论文	1.320	9

◆吉林

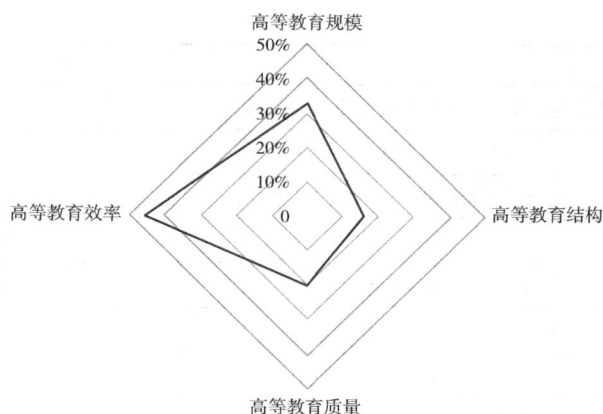

图5-17 吉林省高等教育竞争力分维度表现

吉林省教育竞争力指标指数值及排名

表5-14

名称	指数值	排名
评分综合得分	23.983	16
1 规模	3.243	19
1.1 绝对规模	1.500	23
普通高等学校数	0.667	23
普通高等学校在校生数	0.652	20
普通高等学校外国留学生毕业生数	0.181	16
1.2 相对规模	1.744	6
每十万人口普通高等学校毕业本科生数	1.744	6
2 结构	1.558	14
2.1 学校结构	0.628	19
入选国家"一流学科"大学数占普通本科高校数的比例	0.357	22
一流学科学科数占一级学科博士点数的比例	0.271	16
2.2 学生结构	0.929	6
普通高等学校毕业研究生数占毕业生数的比例	0.929	6
3 质量	12.269	17
3.1 师资队伍与资源	3.516	14
普通高等学校专任教师数	0.580	21
生师比	1.667	1
普通高等学校博士学历教师占普通高等学校专任教师比	0.488	8
学术水平与师德师风代表	0.125	15
国家级科研平台	0.168	8
国家级教学平台与机构	0.488	14

名称	指数值	排名
3.2　人才培养	3.942	17
毕业生质量	0.765	14
专业建设	1.039	13
学科评价	0.491	14
创新人才培养	0.000	16
德育教育	0.993	15
教学改革	0.654	14
3.3　科学研究	0.809	17
科技奖励	0.022	12
科研论文	0.181	17
高等学校科技经费	0.606	17
3.4　社会服务与声誉	4.001	20
服务国家战略	0.004	18
成果转化	0.137	21
普通高等学校社会捐赠收入	0.111	16
学术道德声誉	3.750	1
4　效率	6.913	9
4.1　投入产出	4.960	11
总产出与总投入之比	4.960	11
4.2　师均产出	1.953	11
师均科研经费	0.566	15
师均科研论文	1.387	6

◆黑龙江

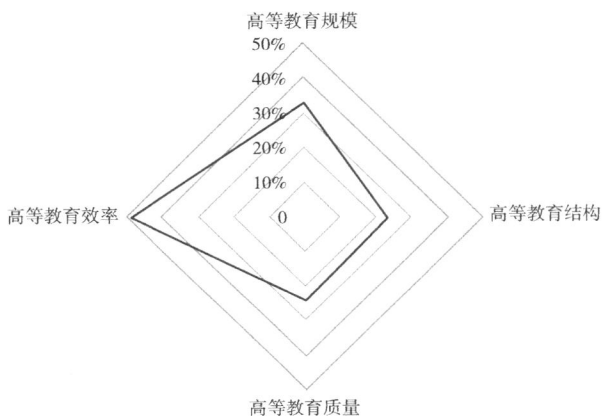

图5-18　黑龙江省高等教育竞争力分维度表现

黑龙江省高等教育竞争力指标指数值及排名　表5-15

名称	指数值	排名
评分综合得分	28.488	12
1　规模	3.217	20
1.1　绝对规模	1.997	16
普通高等学校数	0.943	16
普通高等学校在校生数	0.747	17
普通高等学校外国留学生毕业生数	0.307	10
1.2　相对规模	1.220	15
每十万人口普通高等学校毕业本科生数	1.220	15
2　结构	2.324	6
2.1　学校结构	1.476	5
入选国家"一流学科"大学数占普通本科高校数的比例	1.015	4
一流学科学科数占一级学科博士点数的比例	0.461	10
2.2　学生结构	0.848	8
普通高等学校毕业研究生数占毕业生数的比例	0.848	8
3　质量	15.667	12
3.1　师资队伍与资源	3.624	13
普通高等学校专任教师数	0.689	15
生师比	1.667	1
普通高等学校博士学历教师占普通高等学校专任教师比	0.483	9
学术水平与师德师风代表	0.185	14
国家级科研平台	0.072	17
国家级教学平台与机构	0.528	13
3.2　人才培养	5.475	13
毕业生质量	0.562	19
专业建设	1.273	10
学科评价	0.541	13
创新人才培养	1.832	14
德育教育	0.614	23
教学改革	0.654	14
3.3　科学研究	2.165	8
科技奖励	1.025	4
科研论文	0.076	23
高等学校科技经费	1.064	11
3.4　社会服务与声誉	4.402	16
服务国家战略	0.136	14

续表

名称	指数值	排名
成果转化	0.436	12
普通高等学校社会捐赠收入	0.080	20
学术道德声誉	3.750	1
4　效率	7.280	8
4.1　投入产出	5.428	7
总产出与总投入之比	5.428	7
4.2　师均产出	1.852	12
师均科研经费	0.927	9
师均科研论文	0.925	15

◆上海

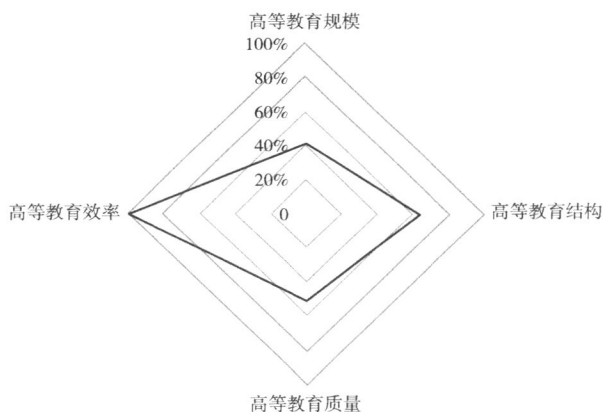

图5-19　上海市高等教育竞争力分维度表现

上海市高等教育竞争力指标指数值及排名　　　表5-16

名称	指数值	排名
评分综合得分	58.672	2
1　规模	4.117	10
1.1　绝对规模	2.483	13
普通高等学校数	0.717	21
普通高等学校在校生数	0.609	22
普通高等学校外国留学生毕业生数	1.157	2
1.2　相对规模	1.634	8
每十万人口普通高等学校毕业本科生数	1.634	8
2　结构	6.463	2
2.1　学校结构	3.820	2
入选国家"一流学科"大学数占普通本科高校数的比例	2.084	2

续表

名称	指数值	排名
一流学科学科数占一级学科博士点数的比例	1.736	2
2.2　学生结构	2.642	2
普通高等学校毕业研究生数占毕业生数的比例	2.642	2
3　质量	33.092	3
3.1　师资队伍与资源	5.973	3
普通高等学校专任教师数	0.618	17
生师比	1.667	1
普通高等学校博士学历教师占普通高等学校专任教师比	1.367	2
学术水平与师德师风代表	0.693	2
国家级科研平台	0.489	2
国家级教学平台与机构	1.138	3
3.2　人才培养	12.020	3
毕业生质量	1.507	4
专业建设	1.754	4
学科评价	1.770	2
创新人才培养	2.948	7
德育教育	2.181	2
教学改革	1.860	2
3.3　科学研究	7.812	2
科技奖励	1.333	2
科研论文	3.287	2
高等学校科技经费	3.192	3
3.4　社会服务与声誉	7.288	5
服务国家战略	1.387	2
成果转化	1.171	4
普通高等学校社会捐赠收入	0.980	6
学术道德声誉	3.750	1
4　效率	15.000	1
4.1　投入产出	8.000	1
总产出与总投入之比	8.000	1
4.2　师均产出	7.000	1
师均科研经费	3.500	1
师均科研论文	3.500	1

◆ 江苏

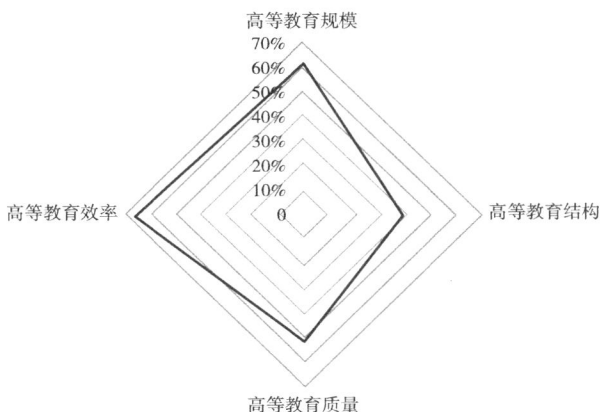

图5-20 江苏省高等教育竞争力分维度表现

江苏省高等教育竞争力指标指数值及排名　　　　　　表5-17

名称	指数值	排名
评分综合得分	53.531	3
1 规模	6.148	2
1.1 绝对规模	4.571	1
普通高等学校数	2.000	1
普通高等学校在校生数	1.832	4
普通高等学校外国留学生毕业生数	0.738	3
1.2 相对规模	1.577	10
每十万人口普通高等学校毕业本科生数	1.577	10
2 结构	3.827	3
2.1 学校结构	2.907	3
入选国家"一流学科"大学数占普通本科高校数的比例	1.800	3
一流学科学科数占一级学科博士点数的比例	1.107	3
2.2 学生结构	0.920	7
普通高等学校毕业研究生数占毕业生数的比例	0.920	7
3 质量	33.669	2
3.1 师资队伍与资源	6.328	2
普通高等学校专任教师数	1.667	1
生师比	1.667	1
普通高等学校博士学历教师占普通高等学校专任教师比	0.736	4
学术水平与师德师风代表	0.579	3
国家级科研平台	0.216	5
国家级教学平台与机构	1.463	2

名称	指数值	排名
3.2　人才培养	13.041	2
毕业生质量	1.808	3
专业建设	2.599	2
学科评价	1.604	3
创新人才培养	3.706	2
德育教育	1.946	5
教学改革	1.377	4
3.3　科学研究	5.491	3
科技奖励	0.967	5
科研论文	1.067	5
高等学校科技经费	3.457	2
3.4　社会服务与声誉	8.809	2
服务国家战略	0.679	5
成果转化	3.232	2
普通高等学校社会捐赠收入	1.148	4
学术道德声誉	3.750	1
4　效率	9.887	3
4.1　投入产出	6.684	3
总产出与总投入之比	6.684	3
4.2　师均产出	3.203	3
师均科研经费	1.342	4
师均科研论文	1.861	3

◆浙江

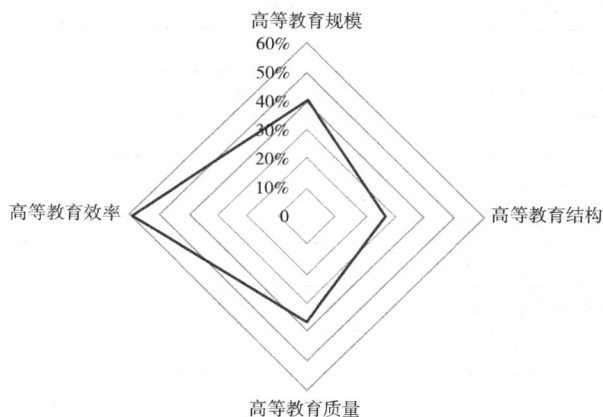

图5-21　浙江省高等教育竞争力分维度表现

浙江省高等教育竞争力指标指数值及排名

表5-18

名称	指数值	排名
评分综合得分	38.841	5
1 规模	4.045	11
1.1 绝对规模	2.957	7
普通高等学校数	1.258	11
普通高等学校在校生数	1.006	13
普通高等学校外国留学生毕业生数	0.694	4
1.2 相对规模	1.088	19
每十万人口普通高等学校毕业本科生数	1.088	19
2 结构	2.669	4
2.1 学校结构	2.047	4
入选国家"一流学科"大学数占普通本科高校数的比例	1.007	5
一流学科学科数占一级学科博士点数的比例	1.041	4
2.2 学生结构	0.621	11
普通高等学校毕业研究生数占毕业生数的比例	0.621	11
3 质量	23.387	6
3.1 师资队伍与资源	4.752	6
普通高等学校专任教师数	0.900	12
生师比	1.667	1
普通高等学校博士学历教师占普通高等学校专任教师比	0.702	5
学术水平与师德师风代表	0.290	7
国家级科研平台	0.136	10
国家级教学平台与机构	1.057	4
3.2 人才培养	9.036	8
毕业生质量	1.018	10
专业建设	1.238	11
学科评价	0.714	8
创新人才培养	3.606	3
德育教育	1.358	11
教学改革	1.102	6
3.3 科学研究	4.003	5
科技奖励	1.071	3
科研论文	1.131	3
高等学校科技经费	1.801	6
3.4 社会服务与声誉	5.596	8
服务国家战略	0.403	6

续表

名称	指数值	排名
成果转化	1.211	3
普通高等学校社会捐赠收入	0.232	11
学术道德声誉	3.750	1
4　效率	8.740	4
4.1　投入产出	6.221	5
总产出与总投入之比	6.221	5
4.2　师均产出	2.519	6
师均科研经费	1.267	6
师均科研论文	1.252	11

◆安徽

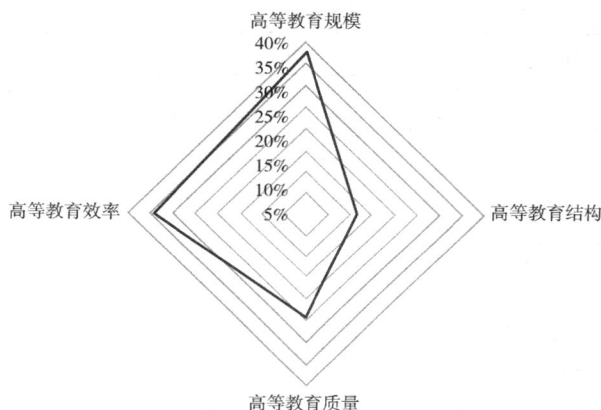

图5-22　安徽省高等教育竞争力分维度表现

安徽省高等教育竞争力指标指数值及排名　　表5-19

名称	指数值	排名
评分综合得分	25.429	15
1　规模	3.784	15
1.1　绝对规模	2.589	12
普通高等学校数	1.409	8
普通高等学校在校生数	1.137	9
普通高等学校外国留学生毕业生数	0.043	24
1.2　相对规模	1.195	16
每十万人口普通高等学校毕业本科生数	1.195	16
2　结构	1.130	19
2.1　学校结构	0.798	16
入选国家"一流学科"大学数占普通本科高校数的比例	0.733	10

续表

名称	指数值	排名
一流学科学科数占一级学科博士点数的比例	0.065	24
2.2 学生结构	0.332	20
普通高等学校毕业研究生数占毕业生数的比例	0.332	20
3 质量	15.422	13
3.1 师资队伍与资源	2.363	21
普通高等学校专任教师数	0.885	13
生师比	0.556	26
普通高等学校博士学历教师占普通高等学校专任教师比	0.218	17
学术水平与师德师风代表	0.202	13
国家级科研平台	0.136	10
国家级教学平台与机构	0.366	17
3.2 人才培养	6.582	12
毕业生质量	0.943	12
专业建设	0.990	14
学科评价	0.451	15
创新人才培养	2.057	13
德育教育	1.607	9
教学改革	0.534	16
3.3 科学研究	2.123	9
科技奖励	0.522	6
科研论文	0.573	8
高等学校科技经费	1.028	12
3.4 社会服务与声誉	4.354	17
服务国家战略	0.138	13
成果转化	0.405	13
普通高等学校社会捐赠收入	0.061	22
学术道德声誉	3.750	1
4 效率	5.093	16
4.1 投入产出	3.539	16
总产出与总投入之比	3.539	16
4.2 师均产出	1.554	14
师均科研经费	0.658	12
师均科研论文	0.896	17

◆福建

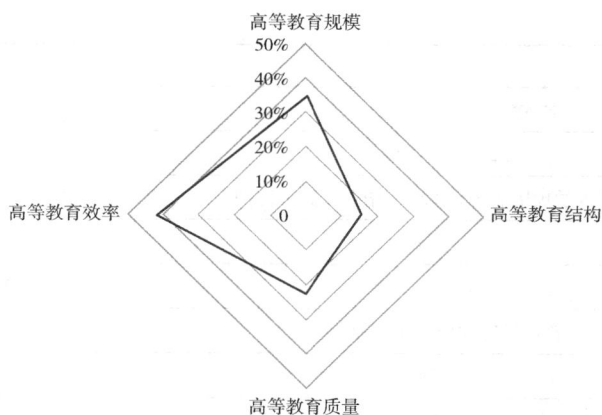

图5-23　福建省高等教育竞争力分维度表现

福建省高等教育竞争力指标指数值及排名　　　　　　　　　　表5-20

名称	指数值	排名
评分综合得分	26.282	14
1　规模	3.444	18
1.1　绝对规模	1.930	17
普通高等学校数	1.019	15
普通高等学校在校生数	0.756	16
普通高等学校外国留学生毕业生数	0.155	17
1.2　相对规模	1.514	11
每十万人口普通高等学校毕业本科生数	1.514	11
2　结构	1.600	12
2.1　学校结构	1.124	12
入选国家"一流学科"大学数占普通本科高校数的比例	0.892	6
一流学科学科数占一级学科博士点数的比例	0.233	17
2.2　学生结构	0.476	16
普通高等学校毕业研究生数占毕业生数的比例	0.476	16
3　质量	14.966	14
3.1　师资队伍与资源	3.236	16
普通高等学校专任教师数	0.656	16
生师比	1.667	1
普通高等学校博士学历教师占普通高等学校专任教师比	0.434	12
学术水平与师德师风代表	0.107	16
国家级科研平台	0.088	15
国家级教学平台与机构	0.285	21

续表

名称	指数值	排名
3.2 人才培养	4.846	15
毕业生质量	0.576	18
专业建设	0.676	18
学科评价	0.385	16
创新人才培养	2.073	12
德育教育	0.758	19
教学改革	0.379	19
3.3 科学研究	1.127	15
科技奖励	0.007	18
科研论文	0.361	13
高等学校科技经费	0.759	15
3.4 社会服务与声誉	5.756	6
服务国家战略	0.266	10
成果转化	0.669	7
普通高等学校社会捐赠收入	1.071	5
学术道德声誉	3.750	1
4 效率	6.272	14
4.1 投入产出	5.094	9
总产出与总投入之比	5.094	9
4.2 师均产出	1.179	16
师均科研经费	0.648	13
师均科研论文	0.531	22

◆江西

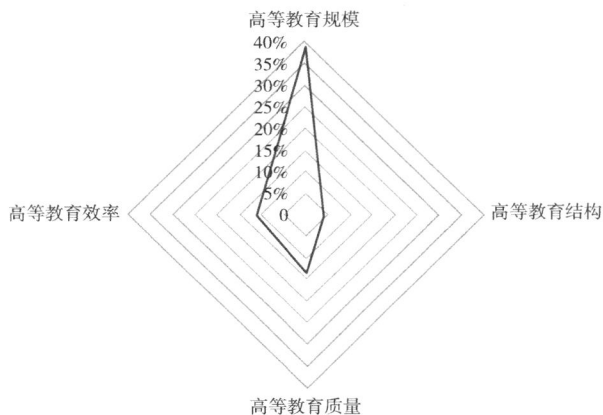

图5-24 江西省高等教育竞争力分维度表现

江西省高等教育竞争力指标指数值及排名　　　　表5-21

名称	指数值	排名
评分综合得分	14.384	24
1　规模	3.843	13
1.1　绝对规模	2.229	15
普通高等学校数	1.145	12
普通高等学校在校生数	1.012	12
普通高等学校外国留学生毕业生数	0.072	20
1.2　相对规模	1.615	9
每十万人口普通高等学校毕业本科生数	1.615	9
2　结构	0.375	26
2.1　学校结构	0.265	25
入选国家"一流学科"大学数占普通本科高校数的比例	0.157	25
一流学科学科数占一级学科博士点数的比例	0.108	20
2.2　学生结构	0.110	28
普通高等学校毕业研究生数占毕业生数的比例	0.110	28
3　质量	8.525	22
3.1　师资队伍与资源	2.573	20
普通高等学校专任教师数	0.824	14
生师比	1.111	21
普通高等学校博士学历教师占普通高等学校专任教师比	0.123	25
学术水平与师德师风代表	0.036	24
国家级科研平台	0.032	19
国家级教学平台与机构	0.447	15
3.2　人才培养	1.614	23
毕业生质量	0.300	23
专业建设	0.378	23
学科评价	0.121	25
创新人才培养	0.000	16
德育教育	0.522	25
教学改革	0.293	21
3.3　科学研究	0.372	21
科技奖励	0.010	17
科研论文	0.082	22
高等学校科技经费	0.280	21
3.4　社会服务与声誉	3.965	21
服务国家战略	0.001	23

续表

名称	指数值	排名
成果转化	0.181	19
普通高等学校社会捐赠收入	0.034	24
学术道德声誉	3.750	1
4 效率	1.641	25
4.1 投入产出	1.333	22
总产出与总投入之比	1.333	22
4.2 师均产出	0.308	30
师均科研经费	0.062	27
师均科研论文	0.245	29

◆山东

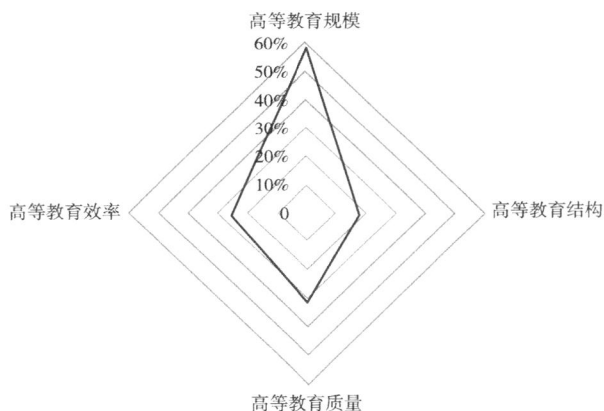

图5-25 山东省高等教育竞争力分维度表现

山东省高等教育竞争力指标指数值及排名 表5-22

名称	指数值	排名
评分综合得分	31.296	9
1 规模	5.544	4
1.1 绝对规模	4.236	2
普通高等学校数	1.723	3
普通高等学校在校生数	2.000	1
普通高等学校外国留学生毕业生数	0.512	5
1.2 相对规模	1.309	14
每十万人口普通高等学校毕业本科生数	1.309	14
2 结构	1.734	11
2.1 学校结构	1.458	6
入选国家"一流学科"大学数占普通本科高校数的比例	0.690	11

续表

名称	指数值	排名
一流学科学科数占一级学科博士点数的比例	0.768	5
2.2　学生结构	0.276	23
普通高等学校毕业研究生数占毕业生数的比例	0.276	23
3　质量	20.251	8
3.1　师资队伍与资源	5.000	5
普通高等学校专任教师数	1.634	2
生师比	1.667	1
普通高等学校博士学历教师占普通高等学校专任教师比	0.323	14
学术水平与师德师风代表	0.224	10
国家级科研平台	0.136	10
国家级教学平台与机构	1.016	7
3.2　人才培养	9.264	7
毕业生质量	1.306	6
专业建设	1.528	7
学科评价	0.615	10
创新人才培养	3.025	6
德育教育	1.894	6
教学改革	0.895	10
3.3　科学研究	1.524	12
科技奖励	0.021	13
科研论文	0.360	14
高等学校科技经费	1.143	10
3.4　社会服务与声誉	4.464	14
服务国家战略	0.007	17
成果转化	0.491	11
普通高等学校社会捐赠收入	0.215	12
学术道德声誉	3.750	1
4　效率	3.765	18
4.1　投入产出	2.971	18
总产出与总投入之比	2.971	18
4.2　师均产出	0.794	22
师均科研经费	0.359	18
师均科研论文	0.435	26

◆河南

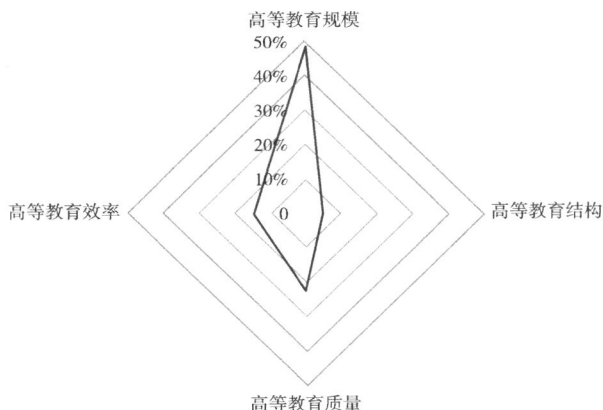

图5-26 河南省高等教育竞争力分维度表现

河南省高等教育竞争力指标指数值及排名 表5-23

名称	指数值	排名
评分综合得分	21.669	18
1 规模	4.625	8
1.1 绝对规模	3.459	5
普通高等学校数	1.535	4
普通高等学校在校生数	1.840	3
普通高等学校外国留学生毕业生数	0.085	19
1.2 相对规模	1.166	17
每十万人口普通高等学校毕业本科生数	1.166	17
2 结构	0.487	23
2.1 学校结构	0.487	21
入选国家"一流学科"大学数占普通本科高校数的比例	0.360	21
一流学科学科数占一级学科博士点数的比例	0.127	19
2.2 学生结构	0.000	31
普通高等学校毕业研究生数占毕业生数的比例	0.000	31
3 质量	14.490	15
3.1 师资队伍与资源	4.100	10
普通高等学校专任教师数	1.556	3
生师比	1.667	1
普通高等学校博士学历教师占普通高等学校专任教师比	0.173	21
学术水平与师德师风代表	0.071	19
国家级科研平台	0.024	22
国家级教学平台与机构	0.610	11

续表

名称	指数值	排名
3.2　人才培养	5.403	14
毕业生质量	1.053	8
专业建设	0.921	17
学科评价	0.290	18
创新人才培养	1.710	15
德育教育	1.032	14
教学改革	0.396	17
3.3　科学研究	0.735	18
科技奖励	0.011	16
科研论文	0.227	16
高等学校科技经费	0.497	18
3.4　社会服务与声誉	4.252	18
服务国家战略	0.132	16
成果转化	0.261	15
普通高等学校社会捐赠收入	0.108	17
学术道德声誉	3.750	1
4　效率	2.067	21
4.1　投入产出	1.606	21
总产出与总投入之比	1.606	21
4.2　师均产出	0.461	28
师均科研经费	0.044	29
师均科研论文	0.417	27

◆湖北

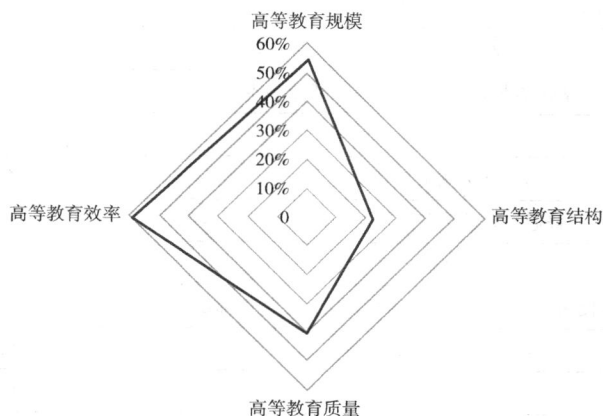

图5-27　湖北省高等教育竞争力分维度表现

湖北省高等教育竞争力指标指数值及排名　　　　表5-24

名称	指数值	排名
评分综合得分	41.638	4
1　规模	5.400	5
1.1　绝对规模	3.438	6
普通高等学校数	1.522	5
普通高等学校在校生数	1.455	6
普通高等学校外国留学生毕业生数	0.461	6
1.2　相对规模	1.962	5
每十万人口普通高等学校毕业本科生数	1.962	5
2　结构	2.217	7
2.1　学校结构	1.371	7
入选国家"一流学科"大学数占普通本科高校数的比例	0.679	12
一流学科学科数占一级学科博士点数的比例	0.691	6
2.2　学生结构	0.847	9
普通高等学校毕业研究生数占毕业生数的比例	0.847	9
3　质量	25.300	4
3.1　师资队伍与资源	5.145	4
普通高等学校专任教师数	1.258	6
生师比	1.667	1
普通高等学校博士学历教师占普通高等学校专任教师比	0.564	6
学术水平与师德师风代表	0.433	4
国家级科研平台	0.329	3
国家级教学平台与机构	0.894	9
3.2　人才培养	11.633	4
毕业生质量	1.922	2
专业建设	1.864	3
学科评价	1.092	4
创新人才培养	3.241	4
德育教育	2.155	3
教学改革	1.360	5
3.3　科学研究	2.773	6
科技奖励	0.188	7
科研论文	0.672	6
高等学校科技经费	1.913	5
3.4　社会服务与声誉	5.748	7
服务国家战略	1.106	3

续表

名称	指数值	排名
成果转化	0.649	8
普通高等学校社会捐赠收入	0.243	10
学术道德声誉	3.750	1
4　效率	8.722	5
4.1　投入产出	6.398	4
总产出与总投入之比	6.398	4
4.2　师均产出	2.324	8
师均科研经费	0.928	8
师均科研论文	1.396	5

◆湖南

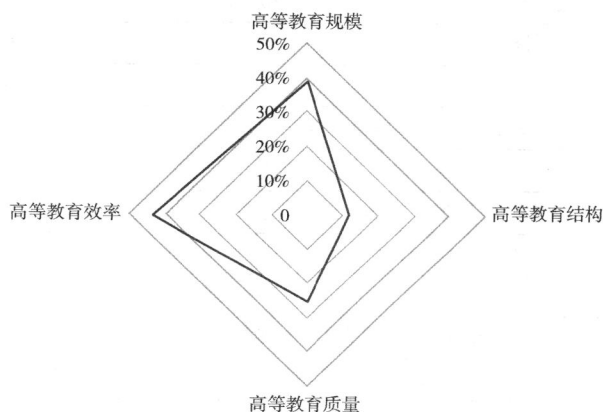

图5-28　湖南省高等教育竞争力分维度表现

湖南省高等教育竞争力指标指数值及排名　　　　表5-25

名称	指数值	排名
评分综合得分	27.844	13
1　规模	3.836	14
1.1　绝对规模	2.780	10
普通高等学校数	1.459	6
普通高等学校在校生数	1.234	7
普通高等学校外国留学生毕业生数	0.088	18
1.2　相对规模	1.055	20
每十万人口普通高等学校毕业本科生数	1.055	20
2　结构	1.151	18
2.1　学校结构	0.649	18
入选国家"一流学科"大学数占普通本科高校数的比例	0.518	16

续表

名称	指数值	排名
一流学科学科数占一级学科博士点数的比例	0.131	18
2.2 学生结构	0.501	15
普通高等学校毕业研究生数占毕业生数的比例	0.501	15
3 质量	16.389	11
3.1 师资队伍与资源	2.837	18
普通高等学校专任教师数	1.028	9
生师比	0.556	26
普通高等学校博士学历教师占普通高等学校专任教师比	0.273	15
学术水平与师德师风代表	0.250	9
国家级科研平台	0.120	14
国家级教学平台与机构	0.610	11
3.2 人才培养	7.648	10
毕业生质量	1.004	11
专业建设	1.162	12
学科评价	0.729	7
创新人才培养	2.292	11
德育教育	1.789	8
教学改革	0.671	12
3.3 科学研究	1.279	14
科技奖励	0.014	15
科研论文	0.403	11
高等学校科技经费	0.863	14
3.4 社会服务与声誉	4.625	12
服务国家战略	0.398	7
成果转化	0.326	14
普通高等学校社会捐赠收入	0.150	14
学术道德声誉	3.750	1
4 效率	6.469	12
4.1 投入产出	5.009	10
总产出与总投入之比	5.009	10
4.2 师均产出	1.460	15
师均科研经费	0.425	17
师均科研论文	1.035	13

◆广东

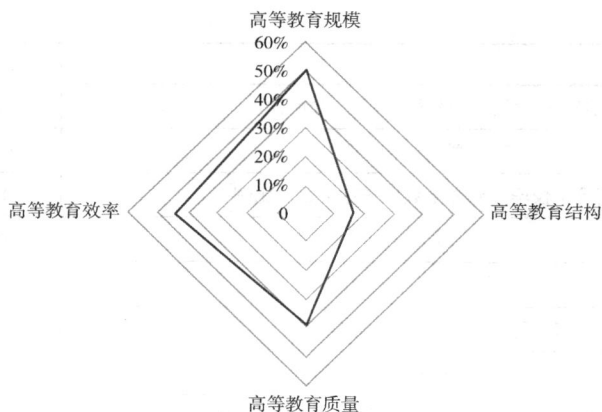

图5-29　广东省高等教育竞争力分维度表现

广东省高等教育竞争力指标指数值及排名　　　　　　　表5-26

名称	指数值	排名
评分综合得分	38.059	6
1　规模	5.009	7
1.1　绝对规模	3.978	3
普通高等学校数	1.761	2
普通高等学校在校生数	1.910	2
普通高等学校外国留学生毕业生数	0.307	9
1.2　相对规模	1.031	21
每十万人口普通高等学校毕业本科生数	1.031	21
2　结构	1.594	13
2.1　学校结构	1.206	10
入选国家"一流学科"大学数占普通本科高校数的比例	0.745	9
一流学科学科数占一级学科博士点数的比例	0.461	9
2.2　学生结构	0.388	18
普通高等学校毕业研究生数占毕业生数的比例	0.388	18
3　质量	24.918	5
3.1　师资队伍与资源	3.929	11
普通高等学校专任教师数	1.532	4
生师比	0.556	26
普通高等学校博士学历教师占普通高等学校专任教师比	0.469	10
学术水平与师德师风代表	0.310	6
国家级科研平台	0.208	6
国家级教学平台与机构	0.854	10

续表

名称	指数值	排名
3.2　人才培养	9.337	6
毕业生质量	1.420	5
专业建设	1.500	8
学科评价	0.871	6
创新人才培养	3.079	5
德育教育	1.502	10
教学改革	0.964	9
3.3　科学研究	4.248	4
科技奖励	0.035	10
科研论文	1.125	4
高等学校科技经费	3.088	4
3.4　社会服务与声誉	7.403	4
服务国家战略	0.845	4
成果转化	0.740	5
普通高等学校社会捐赠收入	2.069	3
学术道德声誉	3.750	1
4　效率	6.539	11
4.1　投入产出	3.875	15
总产出与总投入之比	3.875	15
4.2　师均产出	2.664	5
师均科研经费	1.297	5
师均科研论文	1.368	7

◆广西

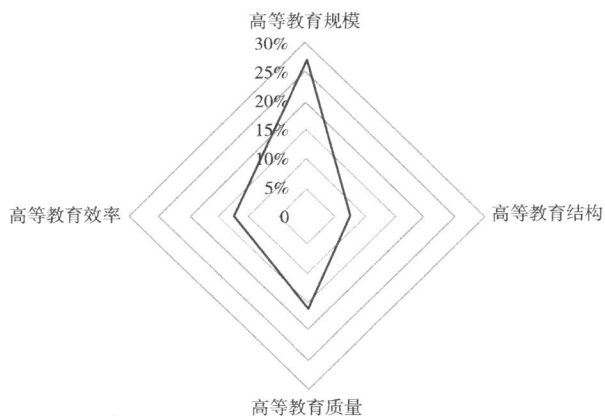

图5-30　广西壮族自治区高等教育竞争力分维度表现

广西壮族自治区高等教育竞争力指标指数值及排名　　　　表5-27

名称	指数值	排名
评分综合得分	15.436	21
1　规模	2.686	22
1.1　绝对规模	1.855	18
普通高等学校数	0.830	18
普通高等学校在校生数	0.785	15
普通高等学校外国留学生毕业生数	0.240	13
1.2　相对规模	0.830	26
每十万人口普通高等学校毕业本科生数	0.830	26
2　结构	0.719	21
2.1　学校结构	0.543	20
入选国家"一流学科"大学数占普通本科高校数的比例	0.183	24
一流学科学科数占一级学科博士点数的比例	0.360	13
2.2　学生结构	0.176	27
普通高等学校毕业研究生数占毕业生数的比例	0.176	27
3　质量	10.189	21
3.1　师资队伍与资源	2.748	19
普通高等学校专任教师数	0.589	20
生师比	1.667	1
普通高等学校博士学历教师占普通高等学校专任教师比	0.100	28
学术水平与师德师风代表	0.026	25
国家级科研平台	0.000	26
国家级教学平台与机构	0.366	17
3.2　人才培养	2.132	20
毕业生质量	0.473	20
专业建设	0.507	20
学科评价	0.083	26
创新人才培养	0.000	16
德育教育	0.914	17
教学改革	0.155	23
3.3　科学研究	0.371	22
科技奖励	0.000	27
科研论文	0.049	25
高等学校科技经费	0.322	20
3.4　社会服务与声誉	4.939	11
服务国家战略	0.000	27

续表

名称	指数值	排名
成果转化	0.227	17
普通高等学校社会捐赠收入	0.961	7
学术道德声誉	3.750	1
4　效率	1.842	23
4.1　投入产出	1.151	24
总产出与总投入之比	1.151	24
4.2　师均产出	0.692	24
师均科研经费	0.212	20
师均科研论文	0.479	25

◆海南

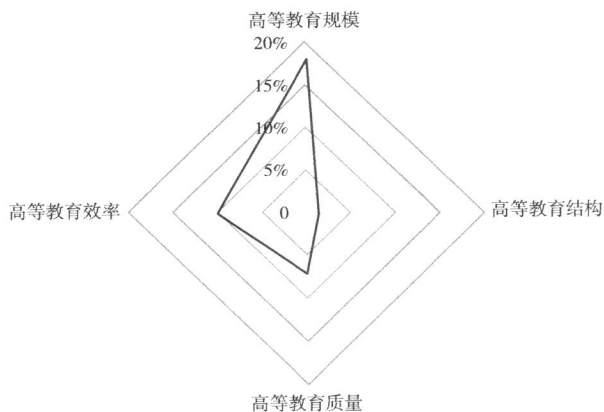

图5-31　海南省高等教育竞争力分维度表现

海南省高等教育竞争力指标指数值及排名　　　　表5-28

名称	指数值	排名
评分综合得分	7.912	29
1　规模	1.802	27
1.1　绝对规模	0.323	28
普通高等学校数	0.138	28
普通高等学校在校生数	0.150	28
普通高等学校外国留学生毕业生数	0.034	27
1.2　相对规模	1.480	12
每十万人口普通高等学校毕业本科生数	1.480	12
2　结构	0.128	31
2.1　学校结构	0.051	28
入选国家"一流学科"大学数占普通本科高校数的比例	0.000	26

续表

名称	指数值	排名
一流学科学科数占一级学科博士点数的比例	0.051	27
2.2 学生结构	0.077	30
普通高等学校毕业研究生数占毕业生数的比例	0.077	30
3 质量	4.502	31
3.1 师资队伍与资源	0.341	31
普通高等学校专任教师数	0.106	28
生师比	0.000	31
普通高等学校博士学历教师占普通高等学校专任教师比	0.194	18
学术水平与师德师风代表	0.000	30
国家级科研平台	0.000	26
国家级教学平台与机构	0.041	27
3.2 人才培养	0.304	29
毕业生质量	0.135	26
专业建设	0.031	29
学科评价	0.025	28
创新人才培养	0.000	16
德育教育	0.078	28
教学改革	0.034	28
3.3 科学研究	0.075	29
科技奖励	0.000	27
科研论文	0.044	26
高等学校科技经费	0.031	30
3.4 社会服务与声誉	3.782	27
服务国家战略	0.000	29
成果转化	0.007	28
普通高等学校社会捐赠收入	0.025	25
学术道德声誉	3.750	1
4 效率	1.480	28
4.1 投入产出	0.778	27
总产出与总投入之比	0.778	27
4.2 师均产出	0.701	23
师均科研经费	0.071	26
师均科研论文	0.630	21

◆重庆

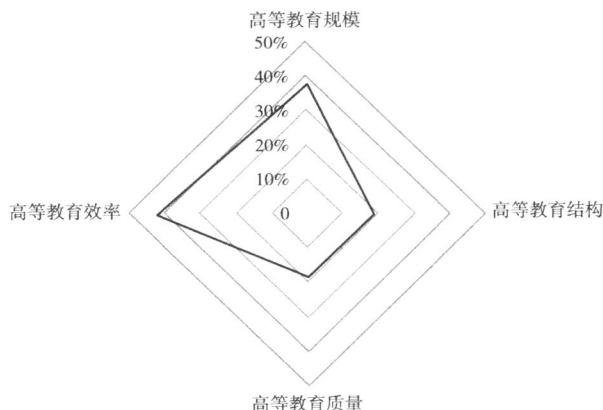

图5-32 重庆市高等教育竞争力分维度表现

重庆市高等教育竞争力指标指数值及排名   表5-29

名称	指数值	排名
评分综合得分	23.655	17
1 规模	3.729	16
1.1 绝对规模	1.739	19
普通高等学校数	0.730	20
普通高等学校在校生数	0.733	19
普通高等学校外国留学生毕业生数	0.277	11
1.2 相对规模	1.989	4
每十万人口普通高等学校毕业本科生数	1.989	4
2 结构	1.861	10
2.1 学校结构	1.208	9
入选国家"一流学科"大学数占普通本科高校数的比例	0.792	8
一流学科学科数占一级学科博士点数的比例	0.416	11
2.2 学生结构	0.654	10
普通高等学校毕业研究生数占毕业生数的比例	0.654	10
3 质量	11.760	18
3.1 师资队伍与资源	3.175	17
普通高等学校专任教师数	0.592	19
生师比	1.667	1
普通高等学校博士学历教师占普通高等学校专任教师比	0.371	13
学术水平与师德师风代表	0.092	17
国家级科研平台	0.088	15
国家级教学平台与机构	0.366	17

名称	指数值	排名
3.2　人才培养	3.263	18
毕业生质量	0.704	17
专业建设	0.631	19
学科评价	0.311	17
创新人才培养	0.000	16
德育教育	0.927	16
教学改革	0.689	11
3.3　科学研究	1.086	16
科技奖励	0.006	20
科研论文	0.369	12
高等学校科技经费	0.712	16
3.4　社会服务与声誉	4.237	19
服务国家战略	0.135	15
成果转化	0.225	18
普通高等学校社会捐赠收入	0.127	15
学术道德声誉	3.750	1
4　效率	6.305	13
4.1　投入产出	4.340	13
总产出与总投入之比	4.340	13
4.2　师均产出	1.964	10
师均科研经费	0.679	11
师均科研论文	1.285	10

◆四川

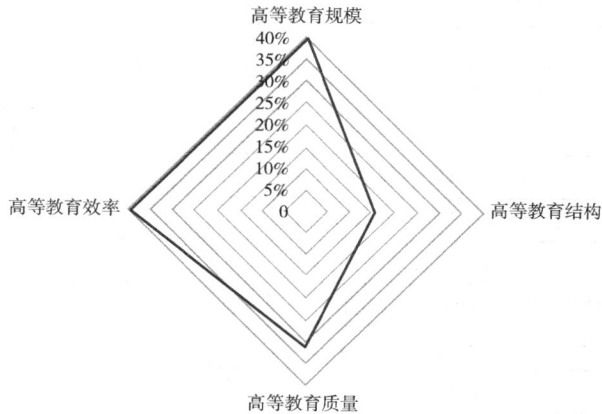

图5-33　四川省高等教育竞争力分维度表现

四川省高等教育竞争力指标指数值及排名 表5-30

名称	指数值	排名
评分综合得分	31.432	8
1 规模	3.911	12
1.1 绝对规模	2.953	8
普通高等学校数	1.283	10
普通高等学校在校生数	1.471	5
普通高等学校外国留学生毕业生数	0.199	14
1.2 相对规模	0.958	23
每十万人口普通高等学校毕业本科生数	0.958	23
2 结构	1.515	15
2.1 学校结构	0.946	14
入选国家"一流学科"大学数占普通本科高校数的比例	0.647	14
一流学科学科数占一级学科博士点数的比例	0.298	14
2.2 学生结构	0.570	13
普通高等学校毕业研究生数占毕业生数的比例	0.570	13
3 质量	20.185	9
3.1 师资队伍与资源	4.208	9
普通高等学校专任教师数	1.294	5
生师比	1.111	21
普通高等学校博士学历教师占普通高等学校专任教师比	0.264	16
学术水平与师德师风代表	0.282	8
国家级科研平台	0.240	4
国家级教学平台与机构	1.016	7
3.2 人才培养	8.985	9
毕业生质量	1.143	7
专业建设	1.567	6
学科评价	0.697	9
创新人才培养	2.725	8
德育教育	1.855	7
教学改革	0.999	8
3.3 科学研究	1.957	10
科技奖励	0.027	11
科研论文	0.593	7
高等学校科技经费	1.338	8
3.4 社会服务与声誉	5.035	9
服务国家战略	0.139	11

续表

名称	指数值	排名
成果转化	0.609	9
普通高等学校社会捐赠收入	0.537	8
学术道德声誉	3.750	1
4 效率	5.822	15
4.1 投入产出	4.063	14
总产出与总投入之比	4.063	14
4.2 师均产出	1.758	13
师均科研经费	0.570	14
师均科研论文	1.188	12

◆贵州

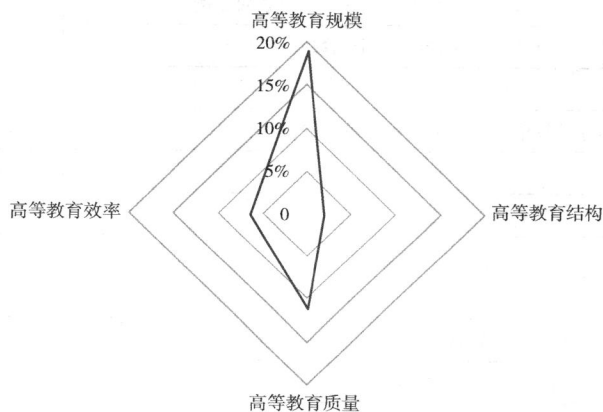

图5-34 贵州省高等教育竞争力分维度表现

贵州省高等教育竞争力指标指数值及排名　　　　　表5-31

名称	指数值	排名
评分综合得分	10.106	27
1 规模	1.882	26
1.1 绝对规模	1.312	24
普通高等学校数	0.717	21
普通高等学校在校生数	0.543	23
普通高等学校外国留学生毕业生数	0.052	22
1.2 相对规模	0.570	27
每十万人口普通高等学校毕业本科生数	0.570	27
2 结构	0.180	30
2.1 学校结构	0.078	26
入选国家"一流学科"大学数占普通本科高校数的比例	0.000	26

名称	指数值	排名
一流学科学科数占一级学科博士点数的比例	0.078	22
2.2　学生结构	0.102	29
普通高等学校毕业研究生数占毕业生数的比例	0.102	29
3　质量	7.090	25
3.1　师资队伍与资源	2.362	22
普通高等学校专任教师数	0.475	23
生师比	1.667	1
普通高等学校博士学历教师占普通高等学校专任教师比	0.040	29
学术水平与师德师风代表	0.017	26
国家级科研平台	0.000	26
国家级教学平台与机构	0.163	24
3.2　人才培养	0.715	27
毕业生质量	0.167	25
专业建设	0.269	26
学科评价	0.122	24
创新人才培养	0.000	16
德育教育	0.104	26
教学改革	0.052	27
3.3　科学研究	0.121	26
科技奖励	0.001	24
科研论文	0.004	28
高等学校科技经费	0.116	25
3.4　社会服务与声誉	3.892	24
服务国家战略	0.000	25
成果转化	0.045	24
普通高等学校社会捐赠收入	0.097	18
学术道德声誉	3.750	1
4　效率	0.955	30
4.1　投入产出	0.444	29
总产出与总投入之比	0.444	29
4.2　师均产出	0.511	27
师均科研经费	0.000	31
师均科研论文	0.511	24

◆云南

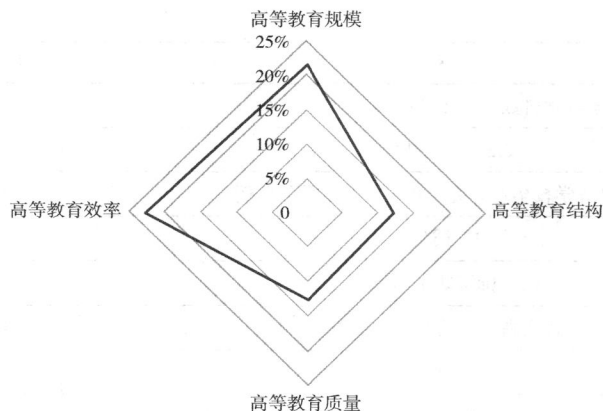

图5-35　云南省高等教育竞争力分维度表现

云南省高等教育竞争力指标指数值及排名　　　　　　　　表5-32

名称	指数值	排名
评分综合得分	14.947	22
1　规模	2.155	23
1.1　绝对规模	1.726	20
普通高等学校数	0.818	19
普通高等学校在校生数	0.640	21
普通高等学校外国留学生毕业生数	0.268	12
1.2　相对规模	0.429	29
每十万人口普通高等学校毕业本科生数	0.429	29
2　结构	1.215	17
2.1　学校结构	0.828	15
入选国家"一流学科"大学数占普通本科高校数的比例	0.426	18
一流学科学科数占一级学科博士点数的比例	0.402	12
2.2　学生结构	0.386	19
普通高等学校毕业研究生数占毕业生数的比例	0.386	19
3　质量	8.174	23
3.1　师资队伍与资源	1.633	29
普通高等学校专任教师数	0.566	22
生师比	0.556	26
普通高等学校博士学历教师占普通高等学校专任教师比	0.143	22
学术水平与师德师风代表	0.060	21
国家级科研平台	0.024	22
国家级教学平台与机构	0.285	21

续表

名称	指数值	排名
3.2　人才培养	2.109	21
毕业生质量	0.420	21
专业建设	0.462	21
学科评价	0.194	20
创新人才培养	0.000	16
德育教育	0.705	21
教学改革	0.327	20
3.3　科学研究	0.520	20
科技奖励	0.006	20
科研论文	0.259	15
高等学校科技经费	0.255	22
3.4　社会服务与声誉	3.913	23
服务国家战略	0.001	20
成果转化	0.088	23
普通高等学校社会捐赠收入	0.073	21
学术道德声誉	3.750	1
4　效率	3.403	19
4.1　投入产出	2.292	19
总产出与总投入之比	2.292	19
4.2　师均产出	1.111	17
师均科研经费	0.144	22
师均科研论文	0.967	14

◆西藏

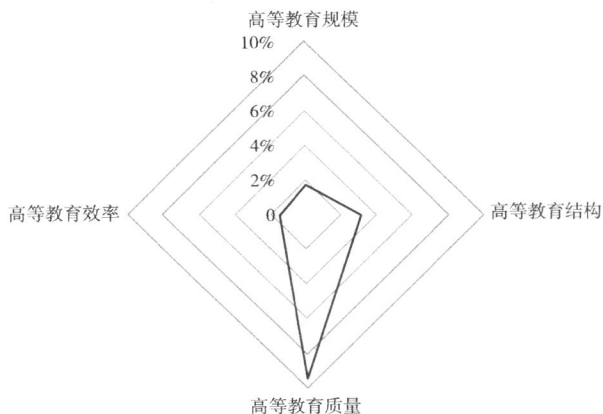

图5-36　西藏自治区高等教育竞争力分维度表现

西藏自治区高等教育竞争力指标指数值及排名　　　　表5-33

名称	指数值	排名
评分综合得分	6.771	31
1　规模	0.161	30
1.1　绝对规模	0.000	31
普通高等学校数	0.000	31
普通高等学校在校生数	0.000	31
普通高等学校外国留学生毕业生数	0.000	31
1.2　相对规模	0.161	30
每十万人口普通高等学校毕业本科生数	0.161	30
2　结构	0.306	28
2.1　学校结构	0.000	31
入选国家"一流学科"大学数占普通本科高校数的比例	0.000	26
一流学科学科数占一级学科博士点数的比例	0.000	31
2.2　学生结构	0.306	21
普通高等学校毕业研究生数占毕业生数的比例	0.306	21
3　质量	6.092	28
3.1　师资队伍与资源	1.670	28
普通高等学校专任教师数	0.000	31
生师比	1.667	1
普通高等学校博士学历教师占普通高等学校专任教师比	0.000	31
学术水平与师德师风代表	0.004	28
国家级科研平台	0.000	26
国家级教学平台与机构	0.000	30
3.2　人才培养	0.672	28
毕业生质量	0.076	29
专业建设	0.000	31
学科评价	0.000	31
创新人才培养	0.000	16
德育教育	0.562	24
教学改革	0.034	28
3.3　科学研究	0.000	31
科技奖励	0.000	27
科研论文	0.000	31
高等学校科技经费	0.000	31
3.4　社会服务与声誉	3.750	31
服务国家战略	0.000	29

续表

名称	指数值	排名
成果转化	0.000	31
普通高等学校社会捐赠收入	0.000	30
学术道德声誉	3.750	1
4 效率	0.213	31
4.1 投入产出	0.000	31
总产出与总投入之比	0.000	31
4.2 师均产出	0.213	31
师均科研经费	0.213	19
师均科研论文	0.000	31

◆陕西

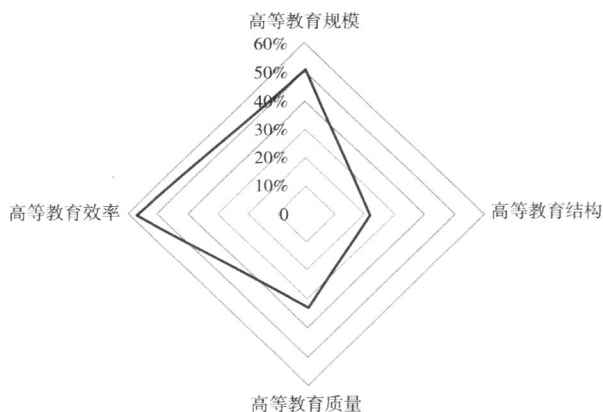

图5-37 陕西高等教育竞争力分维度表现

陕西高等教育竞争力指标指数值及排名   表5-34

名称	指数值	排名
评分综合得分	37.002	7
1 规模	5.010	6
1.1 绝对规模	2.394	14
普通高等学校数	1.082	13
普通高等学校在校生数	1.122	10
普通高等学校外国留学生毕业生数	0.190	15
1.2 相对规模	2.616	3
每十万人口普通高等学校毕业本科生数	2.616	3
2 结构	2.108	9
2.1 学校结构	1.125	11
入选国家"一流学科"大学数占普通本科高校数的比例	0.840	7

续表

名称	指数值	排名
一流学科学科数占一级学科博士点数的比例	0.285	15
2.2 学生结构	0.983	5
普通高等学校毕业研究生数占毕业生数的比例	0.983	5
3 质量	21.324	7
3.1 师资队伍与资源	4.254	8
普通高等学校专任教师数	0.988	10
生师比	1.111	21
普通高等学校博士学历教师占普通高等学校专任教师比	0.554	7
学术水平与师德师风代表	0.351	5
国家级科研平台	0.192	7
国家级教学平台与机构	1.057	4
3.2 人才培养	9.684	5
毕业生质量	1.048	9
专业建设	1.645	5
学科评价	0.894	5
创新人才培养	2.397	9
德育教育	2.064	4
教学改革	1.636	3
3.3 科学研究	2.412	7
科技奖励	0.187	8
科研论文	0.435	10
高等学校科技经费	1.791	7
3.4 社会服务与声誉	4.974	10
服务国家战略	0.273	8
成果转化	0.707	6
普通高等学校社会捐赠收入	0.243	9
学术道德声誉	3.750	1
4 效率	8.560	6
4.1 投入产出	6.072	6
总产出与总投入之比	6.072	6
4.2 师均产出	2.488	7
师均科研经费	1.134	7
师均科研论文	1.354	8

◆甘肃

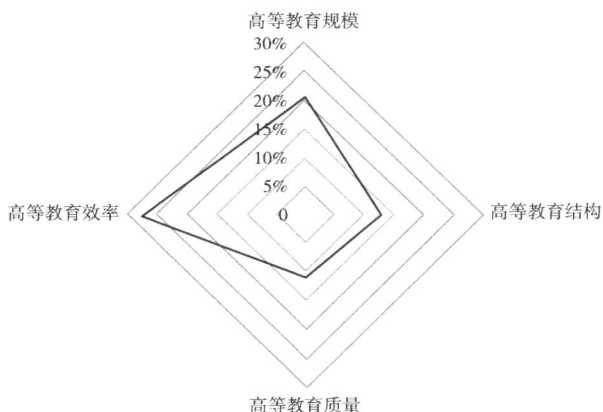

图5-38　甘肃省高等教育竞争力分维度表现

甘肃省高等教育竞争力指标指数值及排名　　　　　　　　　　　表5-35

名称	指数值	排名
评分综合得分	14.536	23
1　规模	2.020	24
1.1　绝对规模	1.014	26
普通高等学校数	0.528	26
普通高等学校在校生数	0.443	25
普通高等学校外国留学生毕业生数	0.043	23
1.2　相对规模	1.006	22
每十万人口普通高等学校毕业本科生数	1.006	22
2　结构	1.282	16
2.1　学校结构	0.665	17
入选国家"一流学科"大学数占普通本科高校数的比例	0.600	15
一流学科学科数占一级学科博士点数的比例	0.065	23
2.2　学生结构	0.616	12
普通高等学校毕业研究生数占毕业生数的比例	0.616	12
3　质量	7.149	24
3.1　师资队伍与资源	1.963	24
普通高等学校专任教师数	0.377	25
生师比	1.111	21
普通高等学校博士学历教师占普通高等学校专任教师比	0.192	19
学术水平与师德师风代表	0.080	18
国家级科研平台	0.040	18
国家级教学平台与机构	0.163	24

续表

名称	指数值	排名
3.2　人才培养	1.093	25
毕业生质量	0.304	22
专业建设	0.351	24
学科评价	0.235	19
创新人才培养	0.000	16
德育教育	0.065	29
教学改革	0.138	24
3.3　科学研究	0.262	24
科技奖励	0.005	22
科研论文	0.074	24
高等学校科技经费	0.183	24
3.4　社会服务与声誉	3.831	26
服务国家战略	0.004	18
成果转化	0.038	25
普通高等学校社会捐赠收入	0.039	23
学术道德声誉	3.750	1
4　效率	4.085	17
4.1　投入产出	3.002	17
总产出与总投入之比	3.002	17
4.2　师均产出	1.083	19
师均科研经费	0.171	21
师均科研论文	0.912	16

◆青海

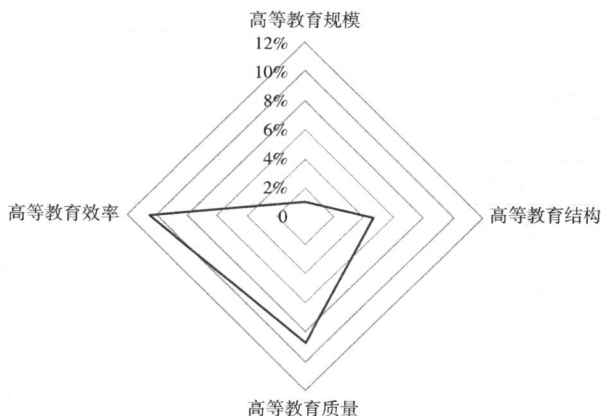

图5-39　青海省高等教育竞争力分维度表现

青海省高等教育竞争力指标指数值及排名　　　　　　表5-36

名称	指数值	排名
评分综合得分	7.782	30
1　规模	0.096	31
1.1　绝对规模	0.096	30
普通高等学校数	0.063	30
普通高等学校在校生数	0.028	30
普通高等学校外国留学生毕业生数	0.005	30
1.2　相对规模	0.000	31
每十万人口普通高等学校毕业本科生数	0.000	31
2　结构	0.466	24
2.1　学校结构	0.007	30
入选国家"一流学科"大学数占普通本科高校数的比例	0.000	26
一流学科学科数占一级学科博士点数的比例	0.007	30
2.2　学生结构	0.459	17
普通高等学校毕业研究生数占毕业生数的比例	0.459	17
3　质量	5.665	30
3.1　师资队伍与资源	1.735	26
普通高等学校专任教师数	0.029	30
生师比	1.667	1
普通高等学校博士学历教师占普通高等学校专任教师比	0.040	30
学术水平与师德师风代表	0.000	30
国家级科研平台	0.000	26
国家级教学平台与机构	0.000	30
3.2　人才培养	0.103	31
毕业生质量	0.085	28
专业建设	0.016	30
学科评价	0.002	30
创新人才培养	0.000	16
德育教育	0.000	31
教学改革	0.000	31
3.3　科学研究	0.075	28
科技奖励	0.000	27
科研论文	0.028	27
高等学校科技经费	0.047	28
3.4　社会服务与声誉	3.752	30
服务国家战略	0.000	28

续表

名称	指数值	排名
成果转化	0.002	29
普通高等学校社会捐赠收入	0.000	31
学术道德声誉	3.750	1
4　效率	1.555	27
4.1　投入产出	0.466	28
总产出与总投入之比	0.466	28
4.2　师均产出	1.089	18
师均科研经费	0.565	16
师均科研论文	0.524	23

◆宁夏

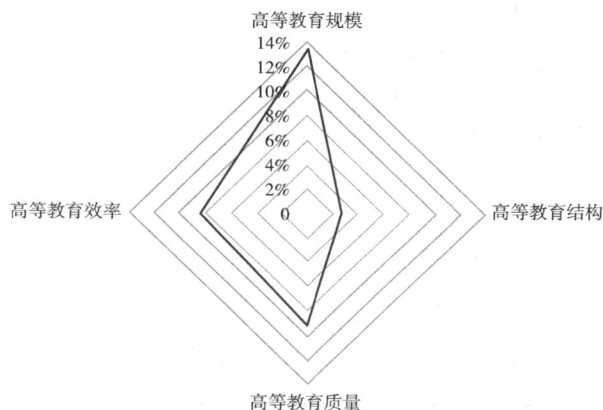

图5-40　宁夏回族自治区高等教育竞争力分维度表现

宁夏回族自治区高等教育竞争力指标指数值及排名　　　表5-37

名称	指数值	排名
评分综合得分	8.798	28
1　规模	1.326	29
1.1　绝对规模	0.233	29
普通高等学校数	0.138	28
普通高等学校在校生数	0.083	29
普通高等学校外国留学生毕业生数	0.011	29
1.2　相对规模	1.093	18
每十万人口普通高等学校毕业本科生数	1.093	18
2　结构	0.263	29
2.1　学校结构	0.017	29
入选国家"一流学科"大学数占普通本科高校数的比例	0.000	26

续表

名称	指数值	排名
一流学科学科数占一级学科博士点数的比例	0.017	29
2.2　学生结构	0.246	24
普通高等学校毕业研究生数占毕业生数的比例	0.246	24
3　质量	5.978	29
3.1　师资队伍与资源	1.934	25
普通高等学校专任教师数	0.087	29
生师比	1.667	1
普通高等学校博士学历教师占普通高等学校专任教师比	0.130	24
学术水平与师德师风代表	0.002	29
国家级科研平台	0.008	25
国家级教学平台与机构	0.041	27
3.2　人才培养	0.253	30
毕业生质量	0.114	27
专业建设	0.078	28
学科评价	0.014	29
创新人才培养	0.000	16
德育教育	0.013	30
教学改革	0.034	28
3.3　科学研究	0.032	30
科技奖励	0.000	27
科研论文	0.001	30
高等学校科技经费	0.031	29
3.4　社会服务与声誉	3.759	29
服务国家战略	0.000	29
成果转化	0.001	30
普通高等学校社会捐赠收入	0.008	29
学术道德声誉	3.750	1
4　效率	1.232	29
4.1　投入产出	0.223	30
总产出与总投入之比	0.223	30
4.2　师均产出	1.009	20
师均科研经费	0.116	25
师均科研论文	0.893	18

◆新疆

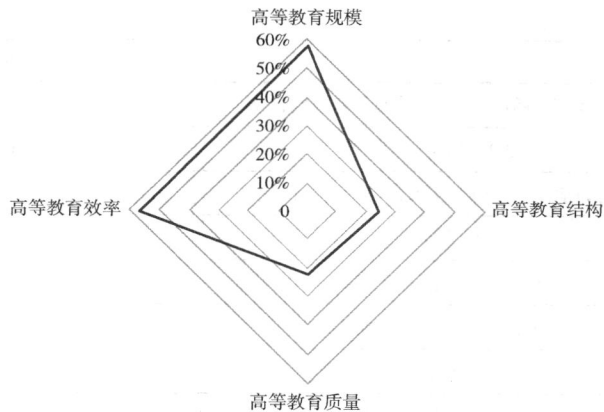

图5-41 新疆维吾尔自治区高等教育竞争力分维度表现

新疆维吾尔自治区高等教育竞争力指标指数值及排名 表5-38

名称	指数值	排名
评分综合得分	15.885	20
1 规模	1.365	28
1.1 绝对规模	0.855	27
普通高等学校数	0.491	27
普通高等学校在校生数	0.296	27
普通高等学校外国留学生毕业生数	0.068	21
1.2 相对规模	0.511	28
每十万人口普通高等学校毕业本科生数	0.511	28
2 结构	0.974	20
2.1 学校结构	0.468	22
入选国家"一流学科"大学数占普通本科高校数的比例	0.367	20
一流学科学科数占一级学科博士点数的比例	0.101	21
2.2 学生结构	0.507	14
普通高等学校毕业研究生数占毕业生数的比例	0.507	14
3 质量	11.581	19
3.1 师资队伍与资源	2.143	23
普通高等学校专任教师数	0.272	27
生师比	1.667	1
普通高等学校博士学历教师占普通高等学校专任教师比	0.119	26
学术水平与师德师风代表	0.045	22
国家级科研平台	0.000	26
国家级教学平台与机构	0.041	27

续表

名称	指数值	排名
3.2　人才培养	1.720	22
毕业生质量	0.000	31
专业建设	0.215	27
学科评价	0.165	22
创新人才培养	0.000	16
德育教育	1.254	13
教学改革	0.086	26
3.3　科学研究	0.186	25
科技奖励	0.001	24
科研论文	0.100	20
高等学校科技经费	0.085	27
3.4　社会服务与声誉	7.532	3
服务国家战略	0.001	23
成果转化	0.031	26
普通高等学校社会捐赠收入	3.750	1
学术道德声誉	3.750	1
4　效率	1.965	22
4.1　投入产出	1.048	25
总产出与总投入之比	1.048	25
4.2　师均产出	0.916	21
师均科研经费	0.056	28
师均科研论文	0.860	19

5.5　竞争力区域评价

5.5.1　区域划分与选择

　　本书采用国家发改委在1986年，由全国人大六届四次会议通过的"七五"计划正式公布的东中西部的划分的三大区域。我国"三大地带"的划分是依据社会与经济发展水平及地理位置等因素的综合衡量而逐渐形成的。东部是指最早实行沿海开放政策并且经济发展水平较高的省市，中部是指经济次发达地区，而西部则是指经济欠发达的西部地区。东部地区包括北京、天津、河北、辽宁、上海、江苏、浙江、福建、山东、广东和海南11个省（市）；中部地区包括山西、内蒙古、吉林、黑龙江、安徽、江西、河南、湖北、湖南、广西10个省（自治区）；西部地区包括四川、贵州、云南、西藏、陕西、甘肃、青海、宁夏、新疆9个省（自治区）。1997年，全国人大八届五次会议决定将重庆设为中央直辖市，并划入西部地区的范围，西部地区就由原来的9个增加到10个省（直辖市、自治区）。由于内蒙古和广西两个自治区近几年的人均国内生产总值水平正好相当于西部10个省（直辖市、自治区）的平均状况，与其他中部地区有一定差距，因此2000年国家制定的在西部大开发中享受优惠政策的范围又增加了内蒙古和广西。根据以上三大地带的区域划分，国家采取了优先发展东部、积极建设中部、努力准备开发西部的战略方针，在人、财、物等经济资源和对外开放等经济政策方面，对东部予以重点支持和保障，促进东部沿海地带的经济优先增长，通过发展横向经济联合，带动中部和西部的经济增长。重点带动一般，一般支持重点，实现东、中、西三大地带的经济先后有序地协调发展。

本书对东、中、西三大区域高等教育竞争力结合其经济发展水平，从综合竞争力、规模竞争力、结构竞争力、质量竞争力和效率竞争力等方面进行深入对比分析来审视各区域在以上方面存在的优势和不足，以期在推进高教强国的进程中为国家和地方提供决策依据。

5.5.2　东部地区特征分析

本书选取的东部地区包括：北京、天津、河北、辽宁、上海、江苏、浙江、福建、山东、广东和海南11个省（市）。东部地区11个省（市）2018年人均GDP为93035元，远高于全国人均GDP65991元的平均值，整体经济发展水平高。其中北京、天津、上海、江苏、浙江、福建、山东、广东8个省（市）高于全国平均水平，其余河北、辽宁、海南3个省（市）低于全国平均水平。

东部高等教育竞争力情况如图5-42所示。

从图5-42可以看出，东部地区高等教育综合竞争力、规模竞争力、结构竞争力、质量竞争力及效率竞争力水平均优于全国平均水平，该地区高等教育整体水平高于全国平均水平，高等教育竞争力强。

从表5-39可以看出，高等教育综合竞争力方面：东部地区高等教育综合竞争力平均得分为38.6，远高于全国平均得分26.4。北京、上海、江苏和浙江4省（市）综合竞争

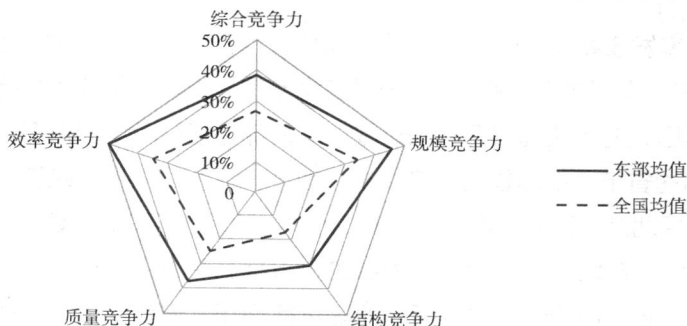

图5-42　东部地区高等教育竞争力

力得分远高于全国均值，且均高于东部地区均值，全国排名分别为1、2、3、5；广东、山东、天津、辽宁、福建5省（市）综合竞争力得分高于或等于全国平均值，全国排名分别为6、9、10、11、14；河北、海南2省综合竞争力低于全国平均值，全国排名分别为19、29。东部地区涉及的11个省（市）中有8个综合竞争力得分高于全国均值，占比达到73%，区域内省（市）整体高等教育水平高、竞争力强。

东部地区高等教育竞争力指数得分及排名　　　　　　　表5-39

地区		综合竞争力		规模		结构		质量		效率	
		得分	排名	得分	排名	得分	排名	得分	排名	得分	排名
东部地区	北京	92.8	1	6.696	1	10.000	1	62.860	1	13.293	2
	上海	58.7	2	4.117	10	6.463	2	33.092	3	15.000	1
	江苏	53.5	3	6.148	2	3.827	3	33.669	2	9.887	3
	浙江	38.8	5	4.045	11	2.669	4	23.387	6	8.740	4
	广东	38.1	6	5.009	7	1.594	13	24.918	5	6.539	11
	山东	31.3	9	5.544	4	1.734	11	20.251	8	3.765	18
	天津	30.8	10	5.585	3	2.397	5	14.475	16	8.348	7
	辽宁	29.9	11	4.558	9	2.112	8	16.618	10	6.605	10
	福建	26.3	14	3.444	18	1.600	12	14.966	14	6.272	14
	河北	16.5	19	3.501	17	0.457	25	10.841	20	1.731	24
	海南	7.9	29	1.802	27	0.128	31	4.502	31	1.480	28
东部均值		38.6		4.586		2.998		23.598		7.424	
全国均值		26.4		3.477		1.746		16.015		5.147	

规模竞争力方面：东部地区高等教育规模竞争力平均得分为4.586，远高于全国平均得分3.477。北京、江苏、天津、山东、广东5省（市）规模竞争力得分远高于全国均值，且均高于东部地区均值，全国排名分别为1、2、3、4、7；辽宁、上海、浙江、河北、福建5省（市）规模竞争力得分高于或接近全国平均值，全国排名分别为9、10、11、17、18；海南省规模竞争力低于全国平均值，全国排名27。东部地区涉及的11个省（市）中有10个规模竞争力得分高于或接近全国均值，占比达到91%，区域内省（市）高等教育规模竞争力超强。

教育结构方面：东部地区高等教育结构竞争力平均得分为2.998，远高于全国平均得分1.746。北京、上海、江苏3个省（市）结构竞争力得分远高于全国均值，且均高于东部地区均值，全国排名分别为1、2、3；浙江、天津、辽宁、山东4个省（市）结构竞争力得分高于或接近全国平均值，全国排名分别为4、5、8、11；福建、广东、河北、海南4省结构竞争力低于全国平均值，全国排名分别为12、13、25、31。东部地区涉及的11个省

（市）中有7个结构竞争力得分高于或接近全国均值，占比达到64%，区域内省（市）高等教育结构竞争力较强。

教育质量方面：东部地区高等教育质量竞争力平均得分为23.598，远高于全国平均得分16.015。北京、江苏、上海、广东4省（市）质量竞争力得分远高于全国均值，且均高于东部地区均值，全国排名分别为1、2、3、5；浙江、山东、辽宁3省质量竞争力得分高于全国平均值，全国排名分别为6、8、10；福建、天津、河北、海南4省（市）质量竞争力低于全国平均值，全国排名分别为14、16、20、31。东部地区涉及的11个省（市）中有7个质量竞争力得分高于全国均值，占比达到64%，区域内省（市）高等教育质量竞争力较强。

教育效率方面：东部地区高等教育效率竞争力平均得分为7.424，远高于全国平均得分5.147。上海、北京、江苏、浙江、天津5省（市）效率竞争力得分远高于全国均值，且均高于东部地区均值，全国排名分别为1、2、3、4、7；辽宁、广东、福建3省效率竞争力得分高于全国平均值，全国排名分别为10、11、14；山东、河北、海南省效率竞争力低于全国平均值，全国排名分别为18、24、28。东部地区涉及的11个省（市）中有8个效率竞争力得分高于全国均值，占比达到73%，区域内省（市）高等教育效率竞争力较强。

5.5.3　中部地区特征分析

本书选取的中部地区包括：山西、吉林、黑龙江、安徽、江西、河南、湖北、湖南8个省。中部地区8个省2018年人均GDP为55890元，低于全国人均GDP65991元的平均值，整体经济发展水平低。其中仅湖北省高于全国平均水平，其余均低于全国平均水平。

中部高等教育竞争力情况从图5-43可以看出，中部地区高等教育规模竞争力水平略优于全国平均水平，综合竞争力和效率竞争力水平与全国平均水平接近，质量竞争力水平略弱于全国平均水平，结构竞争力水平明显弱于全国平均水平。该地区高等教育整体水平整体上略弱于全国平均水平，高等教育竞争力一般。

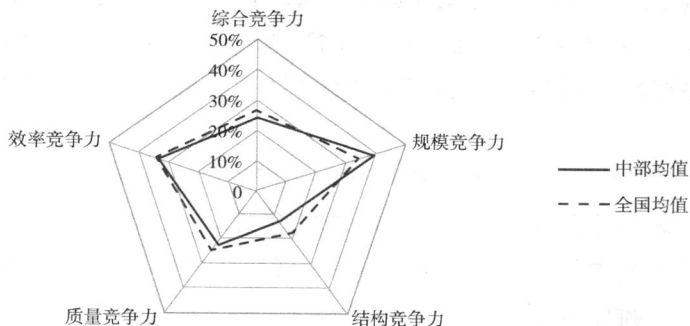

图5-43　中部地区高等教育竞争力

从表5-40可以看出，高等教育综合竞争力方面：中部地区高等教育综合竞争力平均得分为24.5，低于全国平均得分26.4。湖北省综合竞争力得分远高于全国均值，全国排名第4；黑龙江、湖南2省综合竞争力得分高于全国平均值，全国排名分别为12、13；安徽、吉林、河南3省综合竞争力略低于全国平均值，全国排名分别为15、16、18；江西、山西2省综合竞争力远低于全国平均值，全国排名分别为24、25。中部地区涉及的8个省中有3个综合竞争力得分高于全国均值，占比为38%，区域内省整体高等教育水平偏低、竞争力一般。

中部地区高等教育竞争力指数得分及排名 表5-40

地区		综合竞争力		规模		结构		质量		效率	
		得分	排名	得分	排名	得分	排名	得分	排名	得分	排名
中部地区	湖北	41.6	4	5.400	5	2.217	7	25.300	4	8.722	5
	黑龙江	28.5	12	3.217	20	2.324	6	15.667	12	7.280	8
	湖南	27.8	13	3.836	14	1.151	18	16.389	11	6.469	12
	安徽	25.4	15	3.784	15	1.130	19	15.422	13	5.093	16
	吉林	24.0	16	3.243	19	1.558	14	12.269	17	6.913	9
	河南	21.7	18	4.625	8	0.487	23	14.490	15	2.067	21
	江西	14.4	24	3.843	13	0.375	26	8.525	22	1.641	25
	山西	12.8	25	3.094	21	0.659	22	6.840	26	2.199	20
	中部均值	24.5		3.880		1.238		14.363		5.048	
	全国均值	26.4		3.477		1.746		16.015		5.147	

规模竞争力方面：中部地区高等教育规模竞争力平均得分为3.880，高于全国平均得分3.477。湖北、河南2省规模竞争力得分远高于全国均值，且均高于中部地区均值，全国排名分别为5、8；江西、湖南、安徽省规模竞争力得分高于全国平均值，全国排名分别为13、14、15；吉林、黑龙江、山西3省规模竞争力低于全国平均值，全国排名分别为19、20、21。中部地区涉及的8个省中有5个规模竞争力得分高于全国均值，占比达到63%，区域内省高等教育规模竞争力较强。

教育结构方面：中部地区高等教育结构竞争力平均得分为1.238，远低于全国平均得分1.746。黑龙江、湖北2个省结构竞争力得分远高于全国均值，全国排名分别为6、7；吉林、湖南、安徽3个省结构竞争力得分低于全国平均值，全国排名分别为14、18、19；山西、河南、江西3省结构竞争力远低于全国平均值，全国排名分别为22、23、26。中部地区涉及的8个省中仅有2个结构竞争力得分高于全国均值，占比仅为25%，区域内省高等教育结构竞争力较弱。

教育质量方面：中部地区高等教育质量竞争力平均得分为14.363，低于全国平均得分16.015。湖北、湖南2省质量竞争力得分高于全国均值，全国排名分别为4、11；黑龙江、安徽、河南3省质量竞争力得分略低于全国平均值，全国排名分别为12、13、15；吉林、江西、山西3省质量竞争力远低于全国平均值，全国排名分别为17、22、26。中部地区涉及的8个省中仅有2个质量竞争力得分高于全国均值，占比仅为25%，区域内省高等教育质量竞争力较弱。

教育效率方面：中部地区高等教育效率竞争力平均得分为5.048，略低于全国平均得分5.147。湖北、黑龙江、吉林、湖南4省效率竞争力得分远高于全国均值，全国排名分别为5、8、9、12；安徽省效率竞争力得分略低于全国平均值，全国排名第16；山西、河南、江西3省效率竞争力远低于全国平均值，全国排名分别为20、21、25。中部地区涉及的8个省中有4个效率竞争力得分高于全国均值，占比达到50%，区域内省高等教育效率竞争力尚可。

5.5.4　西部地区特征分析

本书选取的西部地区包括：重庆、四川、贵州、云南、西藏、陕西、甘肃、青海、宁夏、新疆、内蒙古、广西12个省（市、自治区）。西部地区12个省（市、自治区）2018年人均GDP为49578元，低于全国人均GDP65991元的平均值，整体经济发展水平很低。其中仅内蒙古自治区、重庆市高于全国平均水平，其余均低于全国平均水平。

西部高等教育竞争力情况如图5-44所示。

从图5-44可以看出，西部地区高等教育综合竞争力、规模竞争力、结构竞争力、质量竞争力及效率竞争力水平均低于全国平均水平，该地区高等教育整体水平远低于全国平均水平，高等教育竞争力低。

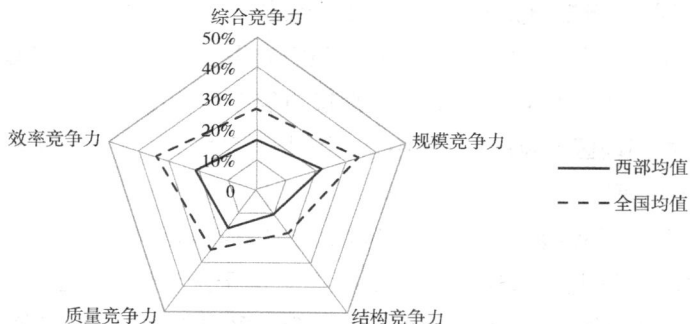

图5-44　西部地区高等教育竞争力

　　从表5-41可以看出，高等教育综合竞争力方面：西部地区高等教育综合竞争力平均得分为16.4，低于全国平均得分26.4。陕西、四川2个省综合竞争力得分远高于全国均值，全国排名分别是7、8；重庆市综合竞争力得分略低于全国平均值，全国排名第17；新疆、广西、云南、甘肃、内蒙古、贵州、宁夏、青海、西藏9个省（自治区）综合竞争力远低于全国平均值，全国排名分别为20、21、22、23、26、27、28、30、31。西部地区涉及的12个省（市、自治区）中有2个综合竞争力得分高于全国均值，占比仅为17%，区域内省（市、自治区）整体高等教育水平低、竞争力弱。

西部地区高等教育竞争力指数得分及排名　　　　表5-41

地区		综合竞争力		规模		结构		质量		效率	
		得分	排名	得分	排名	得分	排名	得分	排名	得分	排名
西部地区	陕西	37.0	7	5.010	6	2.108	9	21.324	7	8.560	6
	四川	31.4	8	3.911	12	1.515	15	20.185	9	5.822	15
	重庆	23.7	17	3.729	16	1.861	10	11.760	18	6.305	13
	新疆	15.9	20	1.365	28	0.974	20	11.581	19	1.965	22
	广西	15.4	21	2.686	22	0.719	21	10.189	21	1.842	23
	云南	14.9	22	2.155	23	1.215	17	8.174	23	3.403	19
	甘肃	14.5	23	2.020	24	1.282	16	7.149	24	4.085	17
	内蒙古	10.7	26	1.952	25	0.341	27	6.798	27	1.569	26
	贵州	10.1	27	1.882	26	0.180	30	7.090	25	0.955	30
	宁夏	8.8	28	1.326	29	0.263	29	5.978	29	1.232	29
	青海	7.8	30	0.096	31	0.466	24	5.665	30	1.555	27
	西藏	6.8	31	0.161	30	0.306	28	6.092	28	0.213	31
	西部均值	16.4		2.191		0.936		10.165		3.126	
	全国均值	26.4		3.477		1.746		16.015		5.147	

　　规模竞争力方面：西部地区高等教育规模竞争力平均得分为2.191，低于全国平均得分3.477。陕西、四川、重庆3个省（市）规模竞争力得分远高于全国均值，全国排名分别为6、12、16；广西、云南、甘肃、内蒙古、贵州、新疆、宁夏、西藏、青海9个省（自治区）规模竞争力远低于全国平均值，全国排名分别为22、23、24、25、26、28、29、30、31。西部地区涉及的12个省（市、自治区）中有3个规模竞争力得分高于全国均值，占比达到25%，区域内省（市、自治区）高等教育规模竞争力弱。

　　教育结构方面：西部地区高等教育结构竞争力平均得分为0.936，远低于全国平均得分1.746。陕西、重庆2个省（市）结构竞争力得分远高于全国均值，全国排名分别为9、10；四川省结构竞争力得分略低于全国均值，全国排名15；甘肃、云南、新疆、广西、青海、内蒙古、西藏、宁夏、贵州9个省（自治区）结构竞争力远低于全国平均值，全国排名分别为16、17、20、21、24、27、28、29、30。西部地区涉及的12个省（市、自治区）中仅有2个结构竞争力得分高于全国均值，占比仅为17%，区域内省（市、自治区）高等教育结构竞争力弱。

教育质量方面：西部地区高等教育质量竞争力平均得分为10.165，低于全国平均得分16.015。陕西、四川2个省质量竞争力得分高于全国均值，全国排名分别为7、9；重庆、新疆、广西、云南、甘肃、贵州、内蒙古、西藏、宁夏、青海10个省（市、自治区）质量竞争力远低于全国平均值，全国排名分别为18、19、21、23、24、25、27、28、29、30。西部地区涉及的12个省（市、自治区）中仅有2个质量竞争力得分高于全国均值，占比仅为17%，区域内省（市、自治区）高等教育质量竞争力弱。

教育效率方面：西部地区高等教育效率竞争力平均得分为3.126，略低于全国平均得分5.147。陕西、重庆、四川3个省（市）效率竞争力得分远高于全国均值，全国排名分别为6、13、15；甘肃省效率竞争力得分略低于全国平均值，全国排名第17；云南、新疆、广西、内蒙古、青海、宁夏、贵州、西藏8个省（自治区）效率竞争力远低于全国平均值，全国排名分别为19、22、23、26、27、29、30、31。西部地区涉及的12个省（市、自治区）中有3个效率竞争力得分高于全国均值，占比为25%，区域内省（市、自治区）高等教育效率竞争力偏弱。

5.5.5　区域整体对比分析

本书选取的东部地区东部地区11个省（市）2018年人均GDP为93035元，高出全国人均GDP的41%，中部地区8个省2018年人均GDP为55890元，低于全国人均GDP的15%，西部地区12个省（市、自治区）2018年人均GDP为49578元，低于全国人均GDP的25%。各地区经济发展极不均衡，东西部经济发展差距极大。

区域整体高等教育竞争力情况如图5-45所示。

从图5-45可以看出，东部地区高等教育竞争力最强，其综合竞争力、规模竞争力、结构竞争力、质量竞争力和效率竞争力水平均排名第一，且均高于全国平均水平。中部地

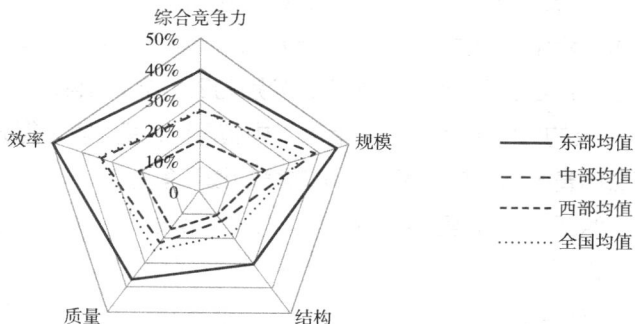

图5-45　区域整体高等教育竞争力

区高等教育竞争力尚可，其综合竞争力、规模竞争力、结构竞争力、质量竞争力和效率竞争力水平排名均为第二，全部低于东部地区，高于西部地区；其规模竞争力水平高于全国平均水平，其余均低于全国平均水平。西部地区高等教育竞争力较差，其综合竞争力、规模竞争力、结构竞争力、质量竞争力和效率竞争力水平排名均为第三，均低于东部、中部和全国均值。

从表5-42可以看出综合竞争力方面：东部地区综合竞争力平均得分为38.6，竞争力约是全国均值的1.46倍。中部地区综合竞争力平均得分为24.5，竞争力接近全国均值，约为93%。西部地区综合竞争力平均得分为16.4，竞争力远低于全国均值，仅为62%。

高等教育竞争力指数得分

表5-42

地区	综合竞争力	规模	结构	质量	效率
东部均值	38.6	4.586	2.998	23.598	7.424
中部均值	24.5	3.880	1.238	14.363	5.048
西部均值	16.4	2.191	0.936	10.165	3.126
全国均值	26.4	3.477	1.746	16.015	5.147

规模竞争力方面：东部地区规模竞争力平均得分为4.586，竞争力是全国均值的1.32倍。中部地区规模竞争力平均得分为3.880，竞争力是全国均值的1.12倍。西部地区规模竞争力平均得分为2.191，竞争力远低于全国均值，仅为63%。

结构竞争力方面：东部地区结构竞争力平均得分为2.998，竞争力是全国均值的1.72倍。中部地区结构竞争力平均得分为1.238，竞争力低于全国均值，仅为71%。西部地区结构竞争力平均得分为0.936，竞争力远低于全国均值，仅为54%。

质量竞争力方面：东部地区质量竞争力平均得分为23.598，竞争力是全国均值的1.47倍。中部地区质量竞争力平均得分为14.363，竞争力低于全国均值，仅为90%。西部地区质量竞争力平均得分为10.165，竞争力远低于全国均值，仅为63%。

效率竞争力方面：东部地区效率竞争力平均得分为7.424，竞争力是全国均值的1.44倍。中部地区效率竞争力平均得分为5.048，竞争力接近全国均值，约为98%。西部地区效率竞争力平均得分为3.126，竞争力远低于全国均值，仅为61%。

6 陕西高等教育竞争力评价分析

6.1 总体分析

为了尽可能全面、客观反映陕西高等教育的情况，本书从陕西高等教育总体情况、构成要素情况及具体指标排名三个层次进行全面分析。

6.1.1 一级指标分析

通过陕西高等教育综合得分、一级指标得分对陕西高等教育综合竞争力情况等进行分析，具体情况见表6-1。

综合竞争力和一级指标陕西全国排名情况表　　　　表6-1

各省	综合竞争力		规模		结构		质量		效率	
	排名		得分	排名	得分	排名	得分	排名	得分	排名
陕西	7		5.010	6	2.108	9	21.324	7	8.560	6

从表6-1可以看出，陕西高等教育综合竞争力是第七名，一级指标排名依次为规模、效率、质量、结构。其中效率和规模排名第六，略高于综合排名；质量排名第七，与综合排名一致；结构排名第九，略低于综合排名。

6.1.2 二级指标分析

本书确定的高等教育竞争力指标体系中涉及的10项二级指标中陕西得分及排名，具体情况见表6-2。

二级指标陕西全国排名情况表　　　　表6-2

绝对规模		相对规模		学校结构		学生结构		投入产出	
得分	排名	得分	排名	得分	排名	得分	排名	得分	排名
2.394	14	2.616	3	1.125	11	0.983	5	6.072	6
师均产出		师资队伍与资源		人才培养		科学研究		社会服务与声誉	
得分	排名	得分	排名	得分	排名	得分	排名	得分	排名
2.488	7	4.254	8	9.684	5	2.412	7	4.974	10

从表6-2可以看出，二级指标依次为相对规模、学生结构、人才培养、投入产出、师均产出、科学研究、师资队伍与资源、社会服务与声誉、学校结构、绝对规模。其中相对规模指标排名第三，学生结构和人才培养指标排名均为第五，投入产出排名第六，以上四项指标均高于综合排名，表现较好；师均产出和科学研究两项指标排名均第七，与综合排名一致，表现尚可；师资队伍与资源、社会服务与声誉、学校结构、绝对规模排名在8~14之间，均低于综合指标，表现欠佳。

6.1.3 三级指标分析

本书确定的高等教育竞争力指标体系中涉及的29个三级指标中陕西得分及排名，具体情况见表6-3。

29项三级指标陕西全国排名情况表 表6-3

一级指标	二级指标	三级指标	排名
规模	绝对规模	普通高等学校数	13
		普通高等学校在校生数	10
		普通高等学校外国留学生毕业生数	15
	相对规模	每十万人口普通高等学校毕业本科生数	3
结构	学校结构	入选国家"一流大学"大学数占普通本科高校的比例	7
		一流学科学科数占一级学科博士点数的比例	15
	学生结构	普通高等学校毕业研究生数占毕业生数的比例	5
质量	师资队伍与资源	普通高等学校专任教师数	10
		生师比	21
		普通高等学校博士学历教师占普通高等学校专任教师比	7
		学术水平与师德师风代表	5
		国家级科研平台	7
		国家级教学平台与机构	4
	人才培养	毕业生质量	9
		专业建设	5
		学科评价	5
		创新人才培养	9
		德育教育	4
		教学改革	3
	科学研究	科技奖励	8
		科研论文	10
		高等学校科技经费	7

续表

一级指标	二级指标	三级指标	排名
质量	社会服务与声誉	服务国家战略	8
		成果转化	6
		普通高等学校社会捐赠收入	9
		学术道德声誉	1
效率	投入产出	总产出与总投入之比	6
	师均产出	师均科研经费	7
		师均科研论文	8

从表6-3可以看出29项指标全国排名的分布情况是：全国排名前3名的指标有3项，全国排名前第6名指标有11项，全国排名前第7名有16项，全国排名前10名有25项，全国排名前15名有28项，全国排名第16后有1项。高于综合排名第7位的三级指标共有11项。

上文涉及的所有指标中约有10%的指标在全国的排名为居于前10%；约40%的指标在全国的排名居于前20%；约96%的指标在全国的排名居于前50%，指标排名总体情况较好。

教育规模方面：整体指标排名较低，仅有1个指标位居全国前20%。不足主要体现在：①"普通高等学校数"排名第13；②"普通高等学校在校生数"排名第10；③"普通高等学校外国留学生毕业生数"排名第15。说明陕西省高等教育绝对规模偏小，这与陕西省的人口基数有直接的关系。

教育结构方面：整体指标排名略低，有1个指标位居全国前20%。不足主要体现在：①"一流学科学科数占一级学科博士点数的比例"排名第15；②"入选国家'一流大学'大学数占普通本科高校的比例"排名第7。说明陕西省一流学科数量偏少，学科建设效果不佳，水平不高。普通本科高校中一流大学的数量也偏少，一流大学建设任务繁重。

教育质量方面：整体指标排名尚可，有约30%的指标位居全国前20%。不足主要体现在：①"生师比"排名全国第21，"普通高校高级专任教师数""普通高等学校具有博士学历教师占普通高等学校专任教师比"排名均不高，说明高校教师队伍总量仍然不足，高层次人才仍然紧缺，质量仍需进一步提高；②"毕业生质量""创新人才培养"两项指标全国排名均为第9名，"科研论文"指标全国排名第10名，说明陕西省高等教育人才培养质量需进一步提高，高水平科研成果偏少。

教育效率方面：整体指标排名偏好，有1项的指标位居全国前20%。不足主要体现在："师均科研论文""师均科研经费"排名依次为第8、第7，说明陕西省高等教育科研投入一般，科研产出效率不高。

6.2　对标分析

近年来，经济实力比较强的东部地区各省（市）高等教育进步显著。陕西高等教育目前面临如何继续保持和不断做强的双重压力。本书选取部分省际作为研究对象，与陕西省进行对比分析，期望能摸清形式，找准参考系，有利于今后进一步开展工作。

对标省份的选取：综合考虑全国31个省（市、自治区）所处的地区、人口的规模、高等教育的历史情况、经济发展的速度等方面，本报告依据综合竞争力得分情况，选取了陕西所在的第二梯队的山东、广东、湖北、四川、浙江、天津等六个地区作为对标对象进行对比分析。

6.2.1　一级指标对标

7个地区高等教育竞争力规模、结构、质量和效率4个一级指标得分及排名情况见表6-4、图6-1。

第二梯队一级指标竞争力指数　　　　　　　　表6-4

地区	规模	地区	结构	地区	质量	地区	效率
天津	5.585	浙江	2.669	湖北	25.300	浙江	8.740
山东	5.544	天津	2.397	广东	24.918	湖北	8.722
湖北	5.400	湖北	2.217	浙江	23.387	陕西	8.560
陕西	5.010	陕西	2.108	陕西	21.324	天津	8.348
广东	5.009	山东	1.734	山东	20.251	广东	6.539
浙江	4.045	广东	1.594	四川	20.185	四川	5.822
四川	3.911	四川	1.515	天津	14.475	山东	3.765

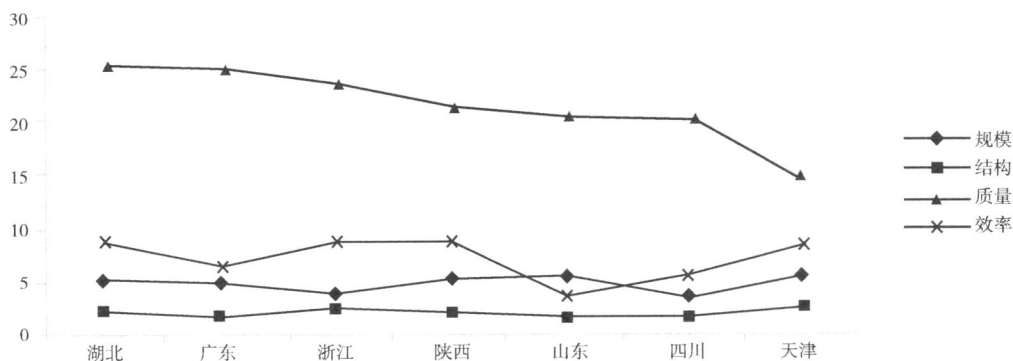

图6-1　第二梯队一级指标竞争力指数

从表6-4和图6-1可以看出，对标地区高等教育规模排名依次是：天津、山东、湖北、陕西、广东、浙江、四川；规模排名标准化得分天津、山东、湖北占据优势较大，其次陕西、广东较为接近，浙江相对落后，四川差距较大。

对标地区高等教育结构排名依次是：浙江、天津、湖北、陕西、山东、广东、四川；结构排名标准化得分浙江较高，占据绝对优势，其次较为接近的依次为天津、湖北和陕西，山东、广东、四川相对落后。

对标地区高等教育质量排名依次是：湖北、广东、浙江、陕西、山东、四川、天津；质量排名标准化得分湖北、广东、浙江优势较为明显，陕西、山东、四川表现相当，天津差距较大。

对标地区高等教育效率排名依次是：浙江、湖北、陕西、天津、广东、四川、山东；质量排名标准化得分浙江、湖北、陕西占据绝对优势，天津、广东优势较为明显，四川表现尚可，山东差距较大。

陕西高等教育规模竞争力指数全国排名第6，第二梯队中排名第4；质量竞争力指数全国排名第7，第二梯队中排名第4；结构竞争力指数全国排名第9，第二梯队中排名第4；效率竞争力指数全国排名第6，第二梯队中排名第3。

6.2.2　二级指标对标

7个地区高等教育竞争力规模、结构、质量和效率4个一级指标包含的10个二级指标得分及排名情况见表6-5、图6-2。

第二梯队高等教育竞争力规模二级指标排名　　　　　　　　　　表6-5

省份	绝对规模	相对规模	学校结构	学生结构	师资队伍与资源	人才培养	科学研究	社会服务与声誉	投入产出	师均产出
湖北	3.438	1.962	1.371	0.847	5.145	11.633	2.773	5.478	6.398	2.324
浙江	2.957	1.088	2.047	0.621	4.752	9.036	4.003	5.596	6.221	2.519
广东	3.978	1.031	1.206	0.388	3.929	9.337	4.248	7.403	3.875	2.664
陕西	2.394	2.616	1.125	0.983	4.254	9.684	2.412	4.974	6.072	2.488
四川	2.953	0.958	0.946	0.570	4.208	8.985	1.957	5.035	4.063	1.758
山东	4.236	1.309	1.458	0.276	5.000	9.264	1.524	4.464	2.971	0.794
天津	1.585	4.000	1.324	1.073	3.768	4.645	1.618	4.443	5.332	3.017

从表6-5和图6-2可以看出，对标地区高等教育规模竞争力中的绝对规模二级指标得分依次是：山东、广东、湖北、浙江、四川、陕西、天津；相对规模二级指标得分依次是：天津、陕西、湖北、山东、浙江、广东、四川。湖北两项指标均进入第二梯队前三，高等教育规模竞争力较好；陕西相对规模指标较好。

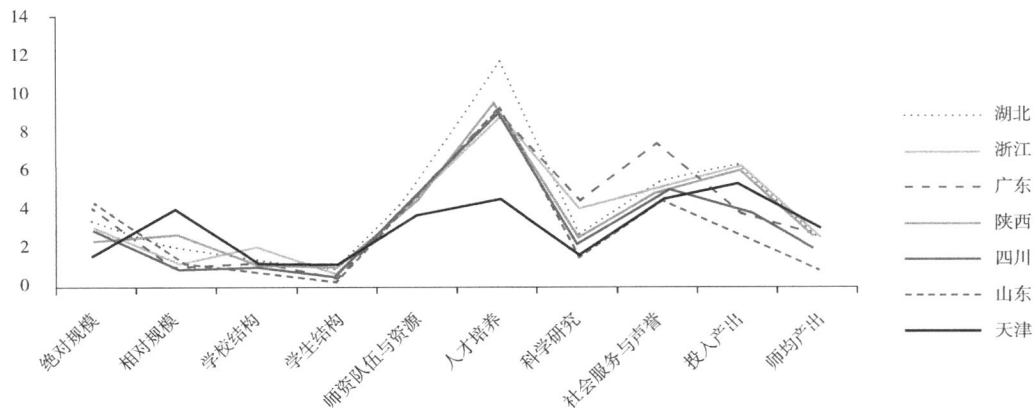

图6-2　第二梯队二级指标竞争力指数

　　对标地区高等教育结构竞争力中的学校结构二级指标得分依次是：浙江、山东、湖北、天津、广东、陕西、四川；学生结构二级指标得分依次是：天津、湖北、陕西、浙江、四川、广东、山东。浙江学校结构二级指标遥遥领先，学生结构二级指标尚可；湖北、陕西和天津3个地区结构竞争力中两项二级指标情况相似；山东、广东地区学校结构指标尚可，学生结构指标较差；四川学校结构指标最差，学生结构指标尚可。

　　对标地区高等教育质量竞争力中的师资队伍与资源质量二级指标得分依次是湖北、山东、浙江、陕西、四川、广东、天津；人才培养质量二级指标得分依次是湖北、陕西、广东、山东、浙江、四川、天津；科学研究质量二级指标得分依次是广东、浙江、湖北、陕西、四川、天津、山东；社会服务与声誉质量二级指标得分依次是广东、浙江、湖北、四川、陕西、天津、山东。湖北的2个质量二级指标排名居于前两位；广东科学研究、社会服务与声誉2项二级指标得分最高；浙江和陕西的表现尚可；四川的师资队伍与资源、科学研究质量二级指标排名均为梯队内第5，人才培养质量二级指标排名为梯队内第6，社会服务与声誉质量二级指标排名为梯队内第4，表现尚可；山东的4个指标表现差距偏大，师资队伍与资源指标梯队内排名第2表现最好，人才培养质量指标排名第4，其余2个指标均排名最后；天津的质量4个二级指标整体最差。

　　对标地区高等教育效率竞争力中的投入产出二级指标得分依次是：湖北、浙江、陕西、天津、四川、广东、山东；师均产出二级指标得分依次是：天津、广东、浙江、陕西、湖北、四川、山东。浙江、陕西效率竞争力的2项二级指标排名表现良好；湖北、广东2项二级指标均差异较大，表现一般；四川、山东、天津3个地区效率竞争力中2项二级指标表现均较差。

　　陕西高等教育竞争力二级指标中表现较好的是相对规模、学生结构、人才培养、投入产出4个二级指标；表现一般的是绝对规模、学校结构、师资队伍与资源、科学研究、社会服务与声誉、师均产出等其余指标。

6.2.3 三级指标对标

7个地区高等教育竞争力指标的29个三级指标得分情况见表6-6~表6-10。

第二梯队高等教育竞争力三级指标排名（1）　　表6-6

三级指标 地区	普通高等 学校数	普通高等 学校在校 生数	普通高等学 校外国留学 生毕业生数	每十万人口普 通高等学校毕 业本科生数	入选国家"一流学 科"大学数占普通 本科高校数的比例	一流学科学科数 占一级学科博士 点数的比例
湖北	5	6	6	5	12	6
浙江	11	13	4	19	5	4
广东	2	2	9	21	9	9
陕西	13	10	15	3	7	15
四川	10	5	14	23	14	14
山东	3	1	5	14	11	5
天津	24	24	7	1	13	7

第二梯队高等教育竞争力三级指标排名（2）　　表6-7

三级指标 地区	普通高等学校毕业 研究生数占毕业生 数的比例	普通高等学校 专任教师数	生师比	普通高等学校博士学历 教师占普通高等学校专 任教师比例	学术水平与师德 师风代表
湖北	9	6	1	6	4
浙江	11	12	1	5	7
广东	18	4	26	10	6
陕西	5	10	21	7	5
四川	13	5	21	16	8
山东	23	2	1	14	10
天津	3	24	1	3	12

第二梯队高等教育竞争力三级指标排名（3）　　表6-8

三级指标 地区	国家级科研 平台	国家级教学平台 与机构	毕业生质量	专业建设	学科评价	创新人才培养
湖北	3	9	2	3	4	4
浙江	10	4	10	11	8	3
广东	6	10	5	8	6	5
陕西	7	4	9	5	5	9
四川	4	7	7	6	9	8
山东	10	7	6	7	10	6
天津	9	15	16	16	11	16

第二梯队高等教育竞争力三级指标排名（4） 表6-9

三级指标 / 地区	德育教育	教学改革	科技奖励	科研论文	高等学校科技经费	服务国家战略
湖北	3	5	7	6	5	3
浙江	11	6	3	3	6	6
广东	10	9	10	4	4	4
陕西	4	3	8	10	7	8
四川	7	8	11	7	8	11
山东	6	10	13	14	10	17
天津	12	7	9	9	13	9

第二梯队高等教育竞争力三级指标排名（5） 表6-10

三级指标 / 地区	成果转化	普通高等学校社会捐赠收入	学术道德声誉	总产出与总投入之比	师均科研经费	师均科研论文
湖北	8	10	1	4	8	5
浙江	3	11	1	5	6	11
广东	5	3	1	15	5	7
陕西	6	9	1	6	7	8
四川	9	8	1	14	14	12
山东	11	12	1	18	18	26
天津	16	13	1	8	3	4

从表6-6～表6-10可以看出：第二梯队中，陕西的每十万人口普通高等学校毕业本科生数、教学改革竞争力指数排名第3；国家级教学平台与机构、德育教育竞争力指数排名第4，其他指标排名一般。

通过进一步对人才培养质量数据观测点进行分析后发现第二梯队中，专业建设竞争力指标中，陕西工程教育认证专业竞争力指数排名并列第1；一流专业与住房和城乡建设部专业评估竞争力指数排名第3；德育教育竞争力指标中，陕西马克思主义一级学科博士点竞争力指数排名第1；示范马克思主义学院、中国大学生年度人物、中国大学生年度人物、"五四"青年奖章获得者等荣誉称号竞争力指数排名第4；创新人才培养竞争力指标中，陕西中国高教学会组织的高校创新人才培养暨学科竞赛评估排名第1；学科评价竞争力指标中，陕西入选双一流大学数竞争力指数排名第2，ESI入选1%与1‰学科竞争力指数排名第4；第四轮学科评估C类以上学科竞争力指数排名第5；入选国家一流学科占一级学科博士点之比竞争力指数排名第6；毕业生质量指标，陕西就业率竞争力排名第6；杰出校友竞争力排名第2；毕业生数量竞争力排名第6。

6.3 评价结论

通过利用省际高等教育竞争力指标体系进行模拟评价后，得出以下结论：

（1）陕西高等教育竞争力指数全国排名第7，处于第二梯队；

（2）陕西对标第二梯队内湖北、浙江、广东、四川、山东、天津；

（3）各级指标评价情况。一级指标：效率竞争力指数在第二梯队内排名第3；结构、规模、质量竞争力指数与综合竞争力指数在第二梯队内排名相当，均排名第4。二级指标：人才培养竞争力指数在第二梯队内排名第2，全国排名第5。三级指标：每十万人口普通高等学校外国留学生毕业生数、教学改革竞争力指数排名第3，国家级教学平台与机构、德育教育竞争力指数排名第4，普通高等学校毕业研究生数占毕业生数的比例、学术水平与师德师风代表、专业建设、学科评价等4个竞争力指数排名第5。

7 陕西高校发展竞争力评价

本章以高校应具备的五大职能为基本逻辑，结合上一章中找到的现阶段陕西高等教育存在的短板，构建陕西普通本科高校发展竞争力指标体系，构建思路如图7-1所示。并对34所陕西普通本科高校进行模拟评价。

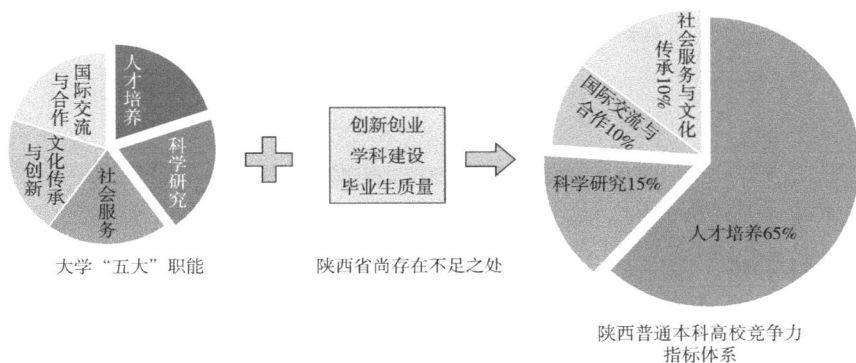

图7-1　陕西普通本科高校发展竞争力构建思路图

7.1　指标体系

新时代陕西普通本科高校发展竞争力评价指标，包含4项一级指标，13项二级指标，54项三级指标，110多项观测点，具体如图7-2、图7-3所示。

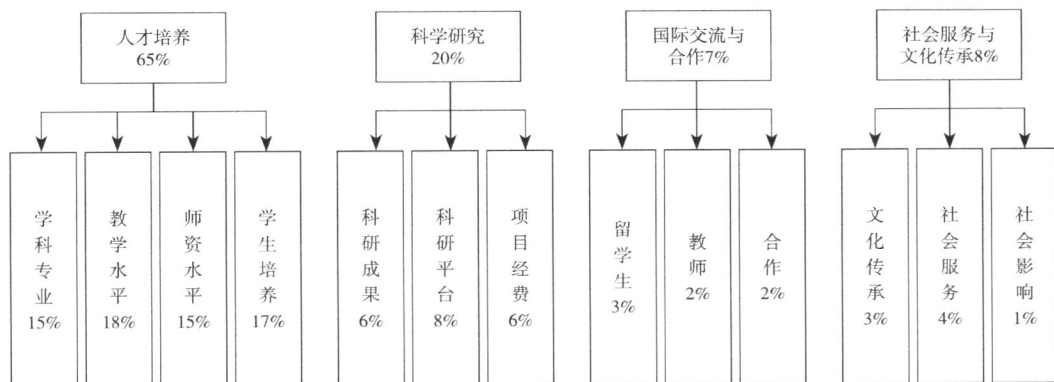

图7-2　陕西普通本科高校发展竞争体系

三级指标

人才培养		科学研究		国际合作	文化、服务
"学科+教学+教师+学生"		"成果+平台+项目"		"学生+教师+合作"	"文化+服务+声誉"

学科评价	教师规模	科技奖	主办学术期刊	学历留学生数	文明校园
学位点建设	师资结构	社科奖	重点项目数	授学位留学生数	高校校园文化建设优秀
专业建设	骨干教师	文学艺术奖	一般项目数	"千人计划"外专项目	国家优秀文化传承基地
教学成果奖	团队建设	协同创新中心	科研经费总额	外国博士学位专任教师	大学生文化展演
教学平台	德育教育	实验室	师均科研经费	国外经历专任教师	社会实践与三下乡
课程建设	生源质量	研究中心		中外合作办学机构	服务国家及地方智库
教材建设	创新人才培养	标准（规范、专著）		孔子学院	成果转化
课堂革命	杰出校友	授权和维持专利数		国际合作项目	重大工程
质量工程	毕业生质量	高水平国际论文及引用		举办国际会议	社会捐赠
教学评估		高水平中文论文及引用		国际机构任职	学术道德声誉

图7-3 陕西普通本科高校发展竞争力三级指标

7.2 指标内涵

本书中涉及的各级指标最终都是通过观测点来刻画和描述的，因此观测点内容是反映整个指标体系内涵的关键。该指标体系涉及的观测点的具体情况与省际高等教育竞争力指标体系基本一致，包含有多个观测点的三级指标的计算方法也与省际高等教育竞争力指标体系中三级指标的计算方法一致。观测点随着证据的不断出现不断更新和完善，现有观测点具体情况见表7-1。

陕西普通本科高校发展竞争力观测点情况　　　　　表7-1

三级	观测点说明
生源质量	新生录取分数线（文史类、理工类）；生源结构：研究生招生数/本科生招生数
毕业生质量	毕业生数（本科、硕士、博士毕业生按教育部规定折算数量之和）；本科生就业率；本科生薪酬；本科生考研率；研究生就业率；研究生薪酬；研究生论文质量（学位论文抽检（近五年）及陕西优博论文）
创新人才培养	创新人才培养：中国高校创新人才培养暨学科竞赛评估排名（2012—2017年）、18种中国高等教育学会认定的创新创业奖（近五年）重点考察6种全国可比性基础竞赛
杰出校友	
德育教育	高校重点马克思主义学院；马克思主义理论一级学科博士点；思想政治理论课示范优秀教学科研团队建设项目；高校思政骨干教师"名师示范课堂"；国家级精品思政课；中华优秀传统文化传承基地；国家艺术基金；中华优秀传统文化传承基地；国家艺术基金；中国大学生自强之星称号获得者；中国大学生年度人物；中国青年五四奖章获得者；雷锋志愿服务"四个100"先进典型；全国大学生志愿者暑期"三下乡"社会实践优秀单位；团队个人等
教学成果奖	教学成果奖：国家级特等/一等/二等、省级特等/一等奖

续表

三级	观测点说明
教学平台	国家级实验教学示范中心；国家级虚拟仿真实验教学项目（平台）；全国深化创新创业教育改革示范高校；其他国家级实验教学基地包括：国家大学生校外实践教育基地、国家级人才培养模式创新实验区、国家级工程实践教育中心
课程建设	国家级一流课程：3000门国家精品在线开放课程、7000门国家级精品线下课程；国家级精品资源共享课
教材建设	国家规划教材；省级优秀教材奖
课堂革命	慕课课程（中国大学慕课网平台上课程）；翻转课堂；智慧课堂
教学评估	本科教学评估
专业建设	一流专业；专业认证：中国工程教育专业认证、住房和城乡建设部专业评估；六卓越一拔尖计划（"新工科"研究与实践项目、"新医科""新文科""新农科""基础学科拔尖学生培养计划"）
学科评价	入选国家"双一流"大学及学科数量：包括一流大学和一流学科；学科评估结果：指入选A+/A/A-/B+/B/B-/C+/C/C-类学科总数；第三方学科评价：ESI进入前1‰、1%的学科领域数量及排名，总产出与总投入之比：总投入=省拨学科经费数量；总产出=学科评估得分
学位点	一级学科博士学位授予点；一级学科硕士学位授予点（含专业学位硕士授予点）；硕博士招生数
师资规模	专任教师数、一/二/三级教授数量、生师比、博士教师数
师资结构	教师学缘结构、教师博士化率、高级职称教师占专任教师比
骨干教师	骨干教师包括：中国科学院院士、中国工程院院士、千人计划、万人计划、长江学者奖励计划、国家杰出青年科学基金获得者、百千万人才工程国家级人选、科技部创新人才推进计划、中宣部四个一批人才、国家杰出青年科学基金获得者、青年拔尖人才、青年"千人计划"、青年"长江学者"、新世纪优秀人才支持计划、教学名师、创新争先奖、中国青年科技奖、杰出专业技术人才、教育部高等学校教学指导委员会委员等
团队建设	团队包括：基金委创新研究群体、全国黄大年式教师团队、国家级教学团队、教育部创新团队；陕西科技创新团队、陕西教学团队等
协同创新中心	国家级、省级2011协同创新中心
实验室	国家（重点）实验室、省部共建重点实验室国家工程实验室、教育部重点实验室、教育部人文社科重点研究基地、科技部国家国际科技合作基地、教育部国际合作联合实验室，陕西重点实验室等
研究中心	国家工程（技术）研究中心、国家研究中心、省部共建工程研究中心、教育部工程（技术）研究中心、陕西工程（技术）研究中心
科研奖励	国家科技三大奖（近五年）、其他国家及省部级科技奖项（中国科学十大进展、中国高校十大科技进展等）、陕西科技奖、教育部人文社科奖、国家哲学社会科学成果文库（近五年）、陕西人文社科奖、国家及艺术学会、协会奖
规范标准等	省级以上标准、规范；十万字以上专著
专利数	授权国际和国内发明专利；有效发明专利
高水平论文	《Science》/《Nature》/《Cell》论文数、SCI/SSCI/A&HCI论文数（基于incites数据库查询，不区分第一作者或参与作者单位）、SCI一、二区收录论文占SCI论文总数之比、国内一级学会主办的学报发表的论文总数、ESI热点/高被引论文被引次数（只统计进入ESI前1%的论文数据）、SCI/SSCI/A&HCI被引次数（同论文数要求）、中国科技论文与引文统计源
学术期刊	学校主办的学术期刊水平

续表

三级	观测点说明
服务国家地方战略科研项目	国家自然科学基金重大（重点）研究计划、科技重大专项、重点研发计划、技术创新引导专项、国家社科基金重大项目、陕西重大（重点）科技计划项目、陕西社科基金重大（重点）项目等
一般项目数	国家基金（自然、社科类）；陕西基金（自然、社科类）
科研经费	科研经费总额；师均经费
学历留学生	
短期交流生	3个月以上
千人计划外专项目	
国外学习专任教师	
国外博士学位专任教师	
合作办学机构	孔子学院、教育部批准中外合作办学（机构数/项目数）、通过国际认证专业数、与国外学习经历互认专业数
国合项目	国家级国际合作项目
国际会议	举办国际会议
国际任职	国际性重要学术机构任职、SCI期刊编委
文明校园	国家级、省级文明校园
文化基地	国家优秀传统文化传承基地
实践与展演	大学生文化展演获奖、社会实践与三下乡获奖
智库	服务国家和地方智库：国家级智库、依托高校建立的陕西研究院（陕西智库）、"四主体一联合"研发平台、依托高校建立的陕西研究院
重大工程	参与国家重大工程建设
成果转化	四技合同转移转化成果、转化和许可及作价入股奖励、转化和许可及作价投资转化成果合同额、专利所有权转让及许可收入
社会捐赠	
学术道德	

7.3　模拟评价

依据本书研究确立的陕西普通本科高校发展竞争力评价指标体系结合第3章确定的基本计算方法，作者重点对陕西34所普通本科高校发展竞争力进行初步模拟评价。

7.3.1　综合竞争力评价

本书依据竞争力综合指数值的大小，初步模拟评价依据竞争力综合指数值的大小，采用聚类分析的方法，对34所高校综合竞争力进行了评价。竞争力指数得分在［0，100］之间，划分依据是：

第一梯队：竞争力指数得分≥45分；

第二梯队：竞争力指数得分≥20分；

第三梯队：竞争力指数得分＜20分。

34所高校发展综合竞争力排名及梯队见表7-2。

34所高校发展综合竞争力指数梯队分析表　　　表7-2

第一梯队			第二梯队			第三梯队		
序号	学校	得分	序号	学校	得分	序号	学校	得分
1	SXGX01	92.3	1	SXGX08	40.5	1	SXGX19	19.8
2	SXGX02	64.6	2	SXGX09	39.4	2	SXGX20	18.5
3	SXGX03	60.1	3	SXGX10	31.8	3	SXGX21	16.2
4	SXGX04	55.1	4	SXGX11	30.8	4	SXGX22	14.9
5	SXGX05	51.3	5	SXGX12	23.3	5	SXGX23	14.1
6	SXGX06	48.7	6	SXGX13	22.3	6	SXGX24	13.7
7	SXGX07	47.5	7	SXGX14	22.1	7	SXGX25	13.6
			8	SXGX15	21.9	8	SXGX26	13.3
			9	SXGX16	21.7	9	SXGX27	12.9
			10	SXGX17	21.5	10	SXGX28	12.6
			11	SXGX18	21.3	11	SXGX29	12.3
						12	SXGX30	11.8
						13	SXGX31	11.3
						14	SXGX32	11.1
						15	SXGX33	11.1
						16	SXGX34	10.2

从表7-2可以看出陕西普通本科高校发展综合竞争力分类情况如下。第一梯队：西安交通大学、西北工业大学、西安电子科技大学、西北大学、西北农林科技大学、陕西师范大学、长安大学，以上高校竞争力可分为3个层次。第一层次，西安交通大学高等教育发展综合竞争力得分为92.3，是陕西高等教育综合竞争力超强的学校；第二层次，西北工业大学、西安电子科技大学高等教育综合竞争力得分略高于60分；第三层次，西北大学、西北农林科技大学、陕西师范大学、长安大学4所学校得分为45～56分。

第二梯队：西安建筑科技大学、西安理工大学、西安科技大学、陕西科技大学、西安石油大学、延安大学、西北政法大学、西安工业大学、西安工程大学、西安外国语大学、西安邮电大学，以上11所高校高等教育总体规模竞争力尚可，得分在21～41之间，属于中等竞争力的高校，以上高校竞争力可分为3个层次。西安建筑科技大学、西安理工大

学2所高校得分在40分左右；西安科技大学、陕西科技大学2所高校得分在30分左右；其
余高校竞争力得分在21～24。

第三梯队：陕西中医药大学、陕西理工大学、宝鸡文理学院、西安财经大学、西安医
学院、咸阳师范学院、西安文理学院、渭南师范学院、商洛学院、西安美术学院、榆林学院、
西安航空学院、陕西学前师范、安康学院、西安体育学院、西安音乐学院，以上16所高
校高等教育综合竞争力偏弱，得分在10～20之间，竞争力可分为3个层次。陕西中医
药大学、陕西理工大学、宝鸡文理学院、西安财经大学、西安医学院5所高校；咸阳师范
学院、西安文理学院、渭南师范学院、商洛学院、西安美术学院、榆林学院6所高校；西
安航空学院、陕西学前师范、安康学院、西安体育学院4所高校。

7.3.2　核心竞争力评价

本书依据陕西普通本科高校发展竞争力指标体系中指标的特点，围绕新时期国家对高
等教育的新要求、新目标、新任务，我们认为人才培养和科学研究两方面为高等学校的核
心竞争力。下面针对这两个方面进行分析。

（1）科学研究

陕西34所普通本科高校发展科学研究竞争力情况见表7-3。

34所高校发展科学研究竞争力指数梯队分析表　　　　表7-3

第一梯队			第二梯队			第三梯队		
序号	学校	得分	序号	学校	得分	序号	学校	得分
1	SXGX01	13.38	1	SXGX08	3.58	1	SXGX34	2.41
2	SXGX02	8.91	2	SXGX09	3.17	2	SXGX28	2.38
3	SXGX03	6.16	3	SXGX15	2.86	3	SXGX19	2.37
4	SXGX05	6.18	4	SXGX12	2.77	4	SXGX33	2.32
5	SXGX04	5.17	5	SXGX10	2.71	5	SXGX20	2.18
6	SXGX07	4.75	6	SXGX11	2.63	6	SXGX21	2.17
7	SXGX06	4.07	7	SXGX18	2.62	7	SXGX23	2.16
			8	SXGX16	2.39	8	SXGX29	2.14
			9	SXGX14	2.37	9	SXGX25	2.13
			10	SXGX13	2.25	10	SXGX22	2.12
			11	SXGX17	2.23	11	SXGX27	2.11
						12	SXGX24	2.11
						13	SXGX32	2.10
						14	SXGX26	2.10
						15	SXGX30	2.10
						16	SXGX31	2.09

　　从表7-3可以得出陕西普通本科高校发展科学研究竞争力分类情况如下。第一梯队：西安交通大学、西北工业大学、西安电子科技大学、西北农林科技大学、西北大学、长安大学、陕西师范大学以上高校竞争力可分为3个层次。第一层次，西安交通大学高等教育发展科学研究竞争力得分为13.38，是陕西高等教育科学研究竞争力超强的学校；第二层次，西北工业大学、西安电子科技大学、西北农林科技大学3所高校得分为6～9分；第三层次，西北大学、长安大学、陕西师范大学3所学校得分4～6分。

　　第二梯队：西安建筑科技大学、西安理工大学、西安工业大学、西安石油大学、西安科技大学、陕西科技大学、西安邮电大学、西安工程大学、西北政法大学、延安大学、西安外国语大学，属于中等竞争力的高校，以上高校竞争力可分为2个层次。第一层次，西安建筑科技大学、西安理工大学、西安工业大学、西安石油大学、西安科技大学、陕西科技大学、西安邮电大学得分2.5～3.6分；第二层次，其余高校竞争力得分2.2～2.4分。

　　第三梯队：陕西中医药大学、陕西理工大学、宝鸡文理学院、西安财经大学、西安医学院、咸阳师范学院、西安文理学院、渭南师范学院、商洛学院、西安美术学院、榆林学院、西安航空学院、陕西学前师范、安康学院、西安体育学院、西安音乐学院，以上16所高校高等教育综合竞争力偏弱，得分在2～2.5分，竞争力水平相当，整体偏弱。

　　（2）人才培养

　　陕西34所普通本科高校发展人才培养竞争力情况见表7-4。

34所高校发展人才培养竞争力指数梯队分析表　　　　表7-4

第一梯队			第二梯队			第三梯队		
序号	学校	得分	序号	学校	得分	序号	学校	得分
1	SXGX01	62.2	1	SXGX09	30.1	1	SXGX19	12.8
2	SXGX02	43.1	2	SXGX08	28.4	2	SXGX20	11.4
3	SXGX03	41.3	3	SXGX10	21.9	3	SXGX21	11.1
4	SXGX05	38.5	4	SXGX11	20.9	4	SXGX22	9.7
5	SXGX04	35.3	5	SXGX12	14.7	5	SXGX25	8.3
6	SXGX07	35.3	6	SXGX131	14.1	6	SXGX23	8.2
7	SXGX06	31.8	7	SXGX14	13.9	7	SXGX24	8.2
			8	SXGX15	13.7	8	SXGX27	7.6
			9	SXGX16	13.6	9	SXGX26	7.3
			10	SXGX17	13.5	10	SXGX28	7.2
			11	SXGX18	14.2	11	SXGX29	6.6
						12	SXGX30	6.5
						13	SXGX33	6
						14	SXGX31	5.8
						15	SXGX32	5.8
						16	SXGX34	5.1

从表7-4可以得出陕西普通本科高校发展人才培养竞争力分类情况如下。第一梯队：西安交通大学、西北工业大学、西安电子科技大学、西北大学、西北农林科技大学、陕西师范大学、长安大学以上高校竞争力可分为3个层次。第一层次，西安交通大学高等教育发展人才培养竞争力得分为62.2，是陕西高等教育科学研究竞争力超强的学校；第二层次，西北工业大学、西安电子科技大学2所高校得分为40分以上；第三层次西北大学、西北农林科技大学、陕西师范大学、长安大学4所学校得分30～39分。

第二梯队：西安理工大学、西安建筑科技大学、西安科技大学、陕西科技大学、西安石油大学、延安大学、西北政法大学、西安工业大学、西安工程大学、西安外国语大学、西安邮电大学属于中等竞争力的高校，以上高校竞争力可分为3个层次。第一层次，西安理工大学、西安建筑科技大学得分30分左右；第二层次，西安科技大学、陕西科技大学得分20分左右；第三层次，其余高校竞争力得分在13～15分。

第三梯队：陕西中医药大学、陕西理工大学、宝鸡文理学院、西安财经大学、西安医学院、咸阳师范学院、西安文理学院、渭南师范学院、商洛学院、西安美术学院、榆林学院、西安航空学院、陕西学前师范、安康学院、西安体育学院、西安音乐学院，以上16所高校人才培养竞争力偏弱分为2个层次。第一层次，陕西中医药大学、陕西理工大学、宝鸡文理学院、西安财经大学得分10分左右；第二层次，其余高校得分5～9分。

（3）人才培养+科学研究

陕西34所普通本科高校发展人才培养与科学研究的核心竞争力情况见表7-5。

34所高校发展核心竞争力指数梯队分析表　　　表7-5

第一梯队			第二梯队			第三梯队		
序号	学校	得分	序号	学校	得分	序号	学校	得分
1	SXGX01	75.63	1	SXGX09	33.25	1	SXGX19	15.13
2	SXGX02	52.03	2	SXGX08	31.99	2	SXGX20	13.54
3	SXGX03	47.47	3	SXGX10	24.64	3	SXGX21	13.28
4	SXGX04	43.62	4	SXGX11	23.54	4	SXGX22	11.77
5	SXGX05	41.52	5	SXGX12	17.47	5	SXGX25	10.44
6	SXGX06	39.37	6	SXGX18	16.78	6	SXGX23	10.39
7	SXGX07	36.59	7	SXGX15	16.53	7	SXGX24	10.32
			8	SXGX13	16.38	8	SXGX27	9.68
			9	SXGX14	16.23	9	SXGX28	9.55
			10	SXGX16	16.02	10	SXGX26	9.41
			11	SXGX17	15.74	11	SXGX29	8.76
						12	SXGX30	8.59
						13	SXGX33	8.35
						14	SXGX31	7.91
						15	SXGX32	7.86
						16	SXGX34	7.49

从表7-5可以得出陕西普通本科高校发展核心竞争力分类情况如下。第一梯队：西安交通大学、西北工业大学、西安电子科技大学、西北大学、西北农林科技大学、陕西师范大学、长安大学以上高校竞争力可分为3个层次。各层次高校情况与人才培养和科学研究竞争力高校相同，仅是不同层次内部相关高校排序略有不同。

第二梯队：西安理工大学、西安建筑科技大学、西安科技大学、陕西科技大学、西安石油大学、西安邮电大学、西安工业大学、延安大学、西北政法大学、西安工程大学、西安外国语大学，以上高校核心竞争力可分为3个层次。各层次高校情况与人才培养和科学研究竞争力高校相同，仅是第三层次内部相关高校排序略有不同。

第三梯队：陕西中医药大学、陕西理工大学、宝鸡文理学院、西安财经大学、西安医学院、咸阳师范学院、西安文理学院、渭南师范学院、商洛学院、西安美术学院、榆林学院、西安航空学院、陕西学前师范、安康学院、西安体育学院、西安音乐学院，以上16所高校核心竞争力，可分为2个层次。由于该梯队高校科学研究竞争力整体较弱，处于同一水平，因此核心竞争力各层次高校情况与人才培养竞争力高校相同。

7.4　对标分析

本书选取省际高等教育竞争力综合排名第二梯队中排名高于我省的湖北、浙江、广东等省份与我省的"双一流"高校各类核心数据进行对比。具体情况见表7-6。

对标湖北、浙江、广东等省"双一流"高校情况　　　　表7-6

对标湖北、浙江、广东等省"双一流"高校情况		湖北	广东	浙江	陕西
学校	入选国家一流大学高校数	2	2	1	3（1个B类）
	入选国家一流学科高校数	6	5	3	8
	2019QS世界大学排名前100名	—	—	1	—
	2018软科世界学术排名前100名	—	—	1	—
	2018邱均平本科院校竞争力排行榜前50名	5	2	1	2
	2018武书连大学排名前50名	4	2	1	3
	2018校友会网中国大学综合实力排名前50名	5	2	1	3
学科	入选国家一流学科数	28	18	20	17
	ESI前1%学科数	51	43	22	41
	ESI前1‰学科数	6	6	8	6
	第四轮学科评估A+学科数	14	4	13	6
	第四轮学科评估总得分	414	278	243	338
专业	国家级特色专业数	101	60	47	95
	工程教育专业认证数	24	6	8	23
	首批"新工科"研究与实践项目	9	10	8	22

续表

对标湖北、浙江、广东等省"双一流"高校情况		湖北	广东	浙江	陕西
课程	国家级精品课程数（资源共享、视频公开）	200	103	103	145
	精品在线课程数	45	6	10	30
	中国大学慕课数	235	50	27	156
经费	双一流建设经费（亿元）	150	300	40	12

从表7-6可以看出，学科建设方面：我省入选国家一流学科数明显偏少，说明第三轮学科评估结果欠佳；第四轮学科评估A+学科数量偏少，说明当前学科建设成效不佳；双一流建设经费投入严重不足，有可能对下一轮学科建设造成非常不利的局面；专业课程建设方面，我省与湖北省相比，数据全面落后，略优于广东和浙江，"前赶后甩"压力巨大。

7.5　相关建议

通过对全国高等教育竞争力和陕西高等教育竞争力分析发现，陕西高等教育综合竞争力较强，同时尚存在一些不足。陕西要成为高教强省，进一步提升高等教育竞争力，还需持续发力，本书据此提出相关建议。

1. 加强顶层设计

陕西高等教育强省建设首当其冲是如何做强，可谓前有标兵（如北京、上海、江苏等），后有追兵（如四川、山东等），陕西出台的"四个一流"的建设方案，就是回答如何做强的问题，并设定了具体的目标，为了更好地完成以上目标，建议采取以下措施：建立普通高校的分类管理与评价制度，实施绩效考核；完善现有的审核评估制度，加强动态监测，强化高校内部自评估，突出办学特色；调整优化学科专业结构，集中力量建设好与学校办学定位和办学特色相匹配的学科专业群，压缩"洼地"，多建"高峰"。

2. 精准定位，追赶超越

建立完善的高教强省参照体系，加强观测。建议采取以下措施：建立31个省（市、自治区）的区域高等教育整体实力与水平综合比较参考照系；建立区域高等教育的规模、结构与能力与地方经济社会发展发展贡献度参照系（比如省一流学科数与省经济发展速度的匹配度等）；区域的高等教育机构国际影响力参照系；区域间高等教育重点领域水平参照系（比如"一流大学"、"一流学科"、杰出人才、高水平科研成果、产学研合作能力等）。

3. 找准短板，重点发力

通过31省（市、自治区）高等教育竞争力指标体系的模拟评价，分析陕西高等教育存在问题，根据模拟评价的结论，采用木桶理论补短板的研究思路，引导高校补足规模、师资队伍与资源、社会服务与影响、结构等这些短板。根据陕西"四个一流"建设和陕西高等教育2035现代化建设要求，以及十九大以来国家对高等教育的新要求，制定国际化专项计划，专项开展针对"一带一路"沿线国家的对外招生宣传活动；建立国际生招生补偿体系，设立招生绿色通道；努力提升高校国际化水平；设立创新创业专项计划，选取创新创业试点本专科高校设立创业学院，制定创业学院人才培养培训方案，支持学生创业；组织高校与企业共建陕西高校创业联盟，搭建高校与企业交流平台，寻求创业联盟企业支持，全面推进双创工作。设立师资队伍建设工程，坚持引进和培养并重，高端引领和整体开发协调推进；实施高校青年人才培养计划，以项目资助等方式重点培养一批青年拔尖人才；搭建高层次人才引进平台，进一步完善高校高层次人才培养和成长机制，着力培养优秀拔尖人才、学术带头人，形成国家级、省级、校级三级人才体系。

参考文献

一、著作

[1] 袁振国，等. 中国教育竞争力报告·2011 [M]. 北京：教育科学出版社，2012.

[2] 朱红. 中国高等教育国际竞争力比较研究 [M]. 天津：天津大学出版社，2010.

[3] 陈向军，等. 2017年中国高等教育学会学术年会暨高等教育国际论坛论文集 [M]. 北京：中国高等教育学会，2017.

[4] 中国教育科学研究所国际比较教育研究中心. 中国教育竞争力报告 [M]. 北京：教育科学出版社，2011.

[5] 郝瑜，孙二军. 区域高等教育发展战略与政策保障 [M]. 北京：社会科学文献出版社，2014.

[6] 丁晓昌. 省域高等教育发展论 [M]. 北京：高等教育出版社，2016.

[7] 赵光华. 陕西区域经济增长研究 [M]. 西安：陕西人民出版社，2007.

二、论文/文章/学位论文

[1] 杨志坚. 进一步提升我国高等教育的国际竞争力 [J]. 中国高等教育，2001（23）：17-19.

[2] 曲恒昌. 打造大学的核心竞争力，提升我国高教的国际竞争优势 [J]. 比较教育研究，2005，26（2）：82-87.

[3] 王金龙. 提高成人高等教育质量之我见 [J]. 成人教育，2004（3）：54-55.

[4] 杨丽君，王萍. 高等教育国际竞争力的内涵及其评价意义 [J]. 湖南师范大学教育科学学报，2007（2）：80-83.

[5] 朱敬，朱红，王雅利. 中国高等教育教学及科研资金竞争力实证分析 [J]. 科技创新与生产力，2007（11）：13-15.

[6] 李鸣. 高等教育核心竞争力的界定与提升策略 [J]. 桂林电子科技大学学报，2007，27（2）：63-65.

[7] 牛宏泰. 论高等教育核心竞争力 [J]. 高等农业教育，2008（11）：14-18.

[8] 王金瑶. 关于"高教强省"若干理论探索 [J]. 中国高教研究，2002（7）：47-48.

[9] 卢铁城. 关于建设高等教育强省内涵的探讨 [J]. 中国高教研究，2008（5）：7-10.

[10] 陈向军. 谈经管类应用型本科人才的培养 [J]. 中国大学教学，2008（12）：59-61.

[11] 吴玉鸣，李建霞. 中国区域教育竞争力与区域经济竞争力的关联分析 [J]. 教育与经济，

2004（1）：7-13.

[12] 赖燕玲，吴智鹏. 我国区域高等教育竞争力的实证研究［J］. 煤炭高等教育，2006（5）：60-64.

[13] 胡咏梅，薛海平. 我国教育竞争力的区域划分——与吴玉鸣博士等商榷［J］. 教育与经济，2003（1）：2-7.

[14] 史本山，曹阳龙. 中国区域高等教育竞争力综合评价［J］. 价值工程，2006，25（11）：21-24.

[15] 赵宏斌. 中国区域高等教育竞争力研究［J］. 国家教育行政学院学报，2008（8）：27-32.

[16] 崔玉平，张弘. 我国省域高等教育协调发展水平的量化评价［J］. 现代大学教育，2015（5）：84-91.

[17] 高耀，刘志民. 中国省域高等教育核心竞争力最新测度——基于因子和聚类分析法的实证研究［J］. 江苏高教，2010（2）：45-47.

[18] 张秀萍，柳中权，张莹，等. 区域人力资本提升与区域高等教育发展战略——以辽宁省为例［J］. 大连理工大学学报（社会科学版），2011，32（1）：51-58.

[19] 杨丽君，王萍. 高等教育国际竞争力的内涵及其评价意义［J］. 湖南师范大学教育科学学报，2007（2）：80-83.

[20] 吴玉鸣，李建霞. 我国区域教育竞争力的实证研究［J］. 教育与经济，2002（3）：16-20.

[21] 崔玉平. 省域高等教育实力的分类评价［J］. 清华大学教育研究，2010，31（1）：50-55.

[22] 高耀，刘志民. 中国省域高等教育核心竞争力最新测度——基于因子和聚类分析法的实证研究［J］. 江苏高教，2010（2）：45-47.

[23] 蒋莉莉，赵宏斌. 我国高等教育大省和高等教育强省的评价与分类［J］. 高教探索，2008（6）：25-30.

[24] 苗招弟. 中国区域高等教育竞争力研究［D］. 上海：上海交通大学，2008.

[25] 张秀萍. 中国省域高等教育竞争力研究［D］. 大连：大连理工大学，2013.

[26] 陈丹丹. 地方高等学校核心竞争力的研究［D］. 桂林：广西师范大学，2009.

[27] 曹佶. 地方高水平大学核心竞争力研究［D］. 北京：北京工业大学，2013.

[28] 栾志聪. 黑龙江省高等教育竞争力研究［D］. 哈尔滨：哈尔滨工程大学，2012.

[29] 苏雷. 陕西高等教育发展模式创新研究［D］. 西安：西北大学，2014.

[30] 晁菊侠. 陕西高等教育结构优化研究［D］. 西安：西北大学，2008.

[31] 赵晖. 陕西高等教育竞争力研究［D］. 西安：西北大学，2011.

[32] 石智. 陕西高等教育强省建设路径研究［D］. 西安：西北大学，2011.

[33] 任莉莉. 陕西高等教育现代化进程研究［D］. 西安：西北大学，2010.

[34] 栗新燕. 我国区域高等教育竞争力实证研究［D］. 大连：大连理工大学，2010.

[35] 吴玉鸣，李建霞. 我国区域教育竞争力的实证研究［J］. 教育与经济，2002（3）：15-19.

[36] 王世来，林静. 从大学生科技竞赛的课程建设和训练组织看创新人才培养模式的构建［J］.

中国大学教学，2008（08）：33-34.

[37] 林晓. 基于创新竞赛的大学生创新人才培养模式研究［J］. 江苏高教，2015（2）：132-134.

[38] 杨珏，张文明. 以科技竞赛为载体提升大学生创新实践能力［J］. 中国高等教育，2014（20）：30-32.

[39] 卓晴，王京春，黄开胜，等. 全国大学生智能汽车竞赛的研究与实践［J］. 中国大学教学，2012（4）：74-77.

[40] 丁三青. 中国需要真正的创业教育——基于"挑战杯"全国大学生创业计划竞赛的分析［J］. 高等教育研究，2007（3）：87-94.

[41] 沈秀，眭荣方，曾德伟. 地方高校学科竞赛管理体系的构建［J］. 实验室研究与探索，2014（11）：187-190.

[42] 李娟，刘洁. 高校学科竞赛管理和运作模式的探讨［J］. 教育与职业，2012（05）：149-151.

[43] 陆国栋，魏志渊，毛一平，等. 基于主题、时间、空间和模式分类的学科竞赛研究与实践［J］. 中国大学教学，2012（10）：74-76.

[44] 高尚. 三种计算层次分析法中权值的方法［J］. 科学技术与工程，2007，7（20）：5204-5207.

[45] 陆国栋，陈临强，何钦铭，等. 高校学科竞赛评估：思路、方法和探索［J］. 中国高教研究，2018（2）：63-68.

[46] 赵春鱼，吴英策，魏志渊，等. 高校学科竞赛：现状，问题与治理优化［J］. 中国高教研究，2018（2）：69-74.

[47] 朱高风. 高校大学排名中学术影响力归一化因子科学性刍议［J］. 湖州师范学院学报，2016（12）：81-86.

[48] 卢铁城. 关于建设高等教育强省内涵的探讨［J］. 中国高教研究，2008（5）：1-4.

[49] 任初明. 基于AHP的地方高校核心竞争力评价指标体系研究［J］. 江苏教育研究，2013（27）：10-17.

[50] 查香云，吕国良. 基于k-means聚类分析的高校论文统计研究［J］. 浙江理工大学学报，2017，38（5）：478-482.

[51] 周元武，文义海. 建设高等教育强省指标体系研究：高等教育保障［J］. 湖北经济学院学报（人文社会科学版），2016，13（9）：134-136.

[52] 崔玉平. 省域高等教育实力的分类评价［J］. 清华大学教育研究，2010，31（1）：45-50.

[53] 蒋莉莉，赵宏斌. 我国高等教育大省和高等教育强省的评价与分类水平［J］. 高教探索，2008（6）：21-26.

[54] 伍宸，陈杰. 浙江建设高等教育强省的战略思考——基于韩国高等教育发展经验及其启示［J］. 浙江工业大学学报（社会科学版），2016（2）：161-166.

[55] 王庆国. 试论我国区域高等教育竞争力的评价及对策[J]. 实验室研究与探索，2016，35（2）：269-272.

[56] 崔玉平，张弘. 我国省域高等教育协调发展水平的量化评价[J]. 现代大学教育，2015（5）：84-91.

[57] 王全林，尹宏林. 对安徽高等教育强省建设的若干思考[J]. 滁州学院学报，2015（1）：76-81.

[58] 崔玉平，夏焰. 区域高等教育联动改革与协调发展的经济意义——基于长三角地区的分析[J]. 清华大学教育研究，2012，33（1）：40-45.

[59] 胡咏梅，冯羽. 教育研究质量的综合评价[J]. 教育学报，2011，7（4）：80-88.

[60] 张秀萍，柳中权，栗新燕，等. 辽宁省高等教育竞争力实证研究[J]. 现代教育管理，2011（5）：30-34.

[61] 崔玉平. 我国高等教育产出效率的区域比较[J]. 苏州大学学报（哲学社会科学版），2010，31（3）：116-120.

[62] 赵宏斌. 中国高等教育规模省级区域分布的差异性研究——基于泰尔指数的比较[J]. 中国高教研究，2009（2）：23-27.

[63] 赵宏斌. 中国区域高等教育竞争力研究[J]. 国家教育行政学院学报，2008（8）：25-30.

[64] 卢铁城. 关于建设高等教育强省内涵的探讨[J]. 中国高教研究，2008（5）：1-4.

[65] 赵宏斌. 我国高校的区域分布研究：基于人口、GDP的视角[C]. 2006年中国教育经济学年会会议论文集，2006.

[66] 史本山，曹阳龙. 中国区域高等教育竞争力综合评价[J]. 价值工程，2006，25（11）：15-18.

[67] 赖燕玲，吴智鹏. 我国区域高等教育竞争力的实证研究[J]. 煤炭高等教育，2006（5）：56-60.

[68] 朱冬辉. 高等教育国际竞争力指标体系的建立及提升问题初探[J]. 统计与信息论坛，2005（6）：27-30.

[69] 吴玉鸣，李建霞. 中国区域教育竞争力与区域经济竞争力的关联分析——兼复胡咏梅教授等[J]. 教育与经济，2004（1）：6-12.

[70] 胡咏梅，薛海平. 我国教育竞争力的区域划分——与吴玉鸣博士等商榷[J]. 教育与经济，2003（1）：1-6.

三、报告

[1] Clarke，C. The Future of Higher Education[R]. Department for Education and Skills Publications，London，2003.

[2] DCSF. Autumn Performance Report 2009：Progress against Public Service

　　　　　　Agreements [R], 2009.

[3]　　Eurydice. Modernisation of Higher Education in Europe: Funding and Social Dimension [R], 2011.

[4]　　Government of India, Planning Commission. Draft Report of Working Group on Higher Education 11th Five Year Plan [R]. IMD, 2009.

[5]　　IMD. World Competitiveness Yearbook 2009 [R]. IMD, 2009.

[6]　　Lumina Foundation for Education. A Stronger Nation through Higher Education [R], September 2010.

后 记

十九大报告对全党、全社会、全教育战线提出，建设教育强国，优先发展教育，深化教育改革，加快教育现代化，办好人民满意教育。高等教育必须优先发展，先行先导，在其中肩负着光荣而艰巨的任务与使命。本书是2017年度陕西省高等教育教学改革研究重点攻关项目《省际高等教育核心竞争力评价与提升研究》的主要研究成果。基于国际视野和本土情怀，在分析和探讨国际高等教育竞争能力的基础上，我们从扎根中国大地，办好中国特色、世界水平的高等教育这个角度出发，立足于人民群众对更加平衡更加充分高等教育的新需求的基础上，建立评价省际高等教育竞争力的指标体系，着重对我国当前建设内地（大陆）31个省（市、自治区）及东、中、西部地区的高等教育竞争力水平进行评价，并以陕西省为例，对其存在问题进行分析，找到制约其竞争力水平提高的影响因素，对标立德树人、国家"双一流"建设、内涵发展等要求，提出发展战略选择及相关措施。

在项目研究过程中，陕西省教育厅副厅长刘建林教授、高教处胡海宁处长、西南交通大学高教所所长闫月勤教授、华中科技大学学科办主任赵仲宇副研究员、同济大学高教研究所张端鸿副教授、西北政法大学高教研究所副所长宋鸿雁等提出了宝贵建议。同时，研究还得到了西安建筑科技大学领导和相关处室同志的大力支持和帮助，在此表示衷心的感谢！特别感谢边根庆教授和赵媛同学在课题研究过程中对建模计算等方面给予的无私帮助和支持！

刘晓君教授作为项目负责人，提出总体研究思路、指导制定研究框架并完成了全书的定稿工作。赵光华副研究员指导构建竞争力指标体系，设计本书框架及统稿工作。纪秉林构建相关指标体系，在集体讨论和专家建议的基础上进行了修改和完善，进行了前期数据整理和计算及书稿撰写工作。蔡冬冬、张丹进行了陕西普通高等学校发展竞争力指标体系的数据整理和计算及书稿修改、校对工作。田继科、田景来参与了书稿的修改和完善并提出了宝贵意见。

由于时间和水平有限，加之有些相关数据和资料难以获得，本书的研究还存在诸多不足之处，敬请各位专家、学者批评指正。